Judith Taschenmacher & Pascal Frank

Mit dem Rucksack über die Alpen. Eine Wanderung von Lausanne nach Nizza und zu sich selbst

Bibliografische Information der Deutschen Nationalbibliothek:

Die Deutsche Nationalbibliothek verzeichnet diese Publikation in der Deutschen Nationalbibliografie; detaillierte bibliografische Daten sind im Internet über http://dnb.d-nb.de abrufbar.

Impressum:

Lektorat: Veronica Maier, Peter Schmid-Meil

Copyright © 2013 GRIN & Travel

Ein Imprint der GRIN Verlag GmbH

Vorwort 6

Vorgeplänkel 8

Das große Ziel 8

Der Abschied 9

Der Start 10

Regen und Geschichten: Von Marmagen nach Ruthweiler 10

Weinseeligkeit: Über Neustadt a. d. Weinstraße nach Freiburg 11

Auf in die Schweiz: Von Sissach nach Lausanne 12

Traversée des Alpes: Der Überblick 15

Die ersten Marschtage von Lausanne nach Monthey 17

Die ersten Schritte in den Alpen von Monthey bis Chamonix-Mont-Blanc 21

Ein gefährlicher Aufstieg 23

Ein erholsamer Abstieg nach Sixt Fer à Cheval 28

Gewitter und grandiose Ausblicke auf dem Weg nach Chamonix Mont Blanc 31

Von Chamonix-Mont-Blanc nach Bourg St. Maurice: Pausen-, Wander- und Geburtstage 36

Der Weg um das Mont Blanc-Massiv 38

21.09.2010: L´anniversaire, l´anniversaire – Judith hat Geburtstag 43

Von Bourg St. Maurice nach Tignes: Couchsurfen, Unwetter und Freeclimbing 46

Skifahrer-Ghetto Les Arcs 46

Mieses Wetter in den Bergen 47

Gipfelsturm auf den Auguille Grive 49
    Exkurs: Refuges – Die Berghütten der französischen Alpen 54

Hässliches Tignes 55

Von Tignes nach Modane. Wandern bei jedem Wetter 57

Der Col d'Aussois 60

Getrennte Wege 63

Gruselige Nächte und Bella Italia: von Modane nach Briançon .. 66

Stürmische Nacht 67

Marie-Do in Briançon 71

Hundebekanntschaften und Martini auf dem Gipfel: von Briançon nach Embrun 74

Der Nationalpark Des Écrins 75
    Kleiner Hunde-Exkurs 78
    Ein Schlaraffenland auf Rädern 80

Hoch auf dem Col des Tourettes 82

Unsere abwechslungsreichste Etappe von Embrun nach Puget-Théniers 86

Pausenspaß mit Astro 89

Der Col de Fours 90

Der Pas du Lausson 95

Châteauneuf-d'Entraunes: Schönes Dorf, üble Wirtin 97

Erste Eindrücke der Seealpen 99

DER ENDSPURT VON PUGET-THÉNIERS NACH NIZZA 101

Übernachtungsstress in Puget-Théniers 102

Idyllische Alpendörfer in den Seealpen 103

Durch die Seealpen gen Süden 105
    Exkurs: Langsam nervt das Wandern 106

Ein verrückter Abend mit Richard und Isabelle 107

Der Cime de Cheiron und der erste Blick aufs Meer 109

Der letzte Tag 111

AUSFLÜGE VON NIZZA NACH MONACO UND ZURÜCK 113

Nizza 113

Das Fürstentum Monaco 114

BILDNACHWEIS 118

Vorwort

Wenn man auf Reisen geht, macht man sich natürlich darüber Gedanken, nach was man sucht, was man zu finden hofft und welche Erwartungen man an die bevorstehende Reise hat. Einmal losgezogen, wird man mit den vielfältigsten Eindrücken konfrontiert. Für mich heißt das also: Das Reisen ruft eine ganze Reihe neuer Gefühle hervor, die mich zum Nachdenken bringen und das eigene Weltbild verändern.

Nun kenne ich diesen Prozess ja bereits von meinen früheren Reisen. Jede Tour brachte Unbekanntes mit sich und ich wusste nie, was mich erwartet. Und dabei sind es weniger die Orte und die Landschaften, die mich überraschten, sondern stets die Menschen und ihre Mentalität. Das macht das Reisen für mich so wertvoll!

Reisen ist eine Suche nach Neuem, bei der es gerade darum geht, Fremdartiges kennenzulernen, sich damit auseinanderzusetzen und sich so für andere Lebensweisen und Weltanschauungen zu öffnen. Und in diesem Buch berichten meine Lebensgefährtin Judith Taschenmacher und ich von unseren Erlebnissen auf eben dieser Suche bei einer Wanderung über die Alpen.

Pascal Frank

Die Autoren Pascal Frank und Judith Taschenmacher

Vorgeplänkel

von Pascal

Das große Ziel

Am Montag, den 30. August 2010 brachen wir, Judith und Pascal, im Eifeler Dorf Marmagen auf. Vor uns lag eine Reise, deren Dauer und deren Route wir selbst zu diesem Zeitpunkt noch nicht kannten. Fest stand lediglich, dass wir zunächst per Anhalter nach Lausanne und von dort aus eine Alpenüberquerung Richtung Nizza starten würden, alles andere stand in den Sternen. Geplant war eine Reisedauer zwischen drei Monaten und drei Jahren. Es hätte also in Nizza bereits vorbei sein können, aber genauso gut auch ein- oder auch zweimal um die Welt.

Das Ziel der Tour war ohne Zweifel der Weg selbst, dem wir mit größtmöglicher Offenheit begegnen wollten. Es war uns wichtig, uns solange wie möglich von den Wogen des Lebens treiben zu lassen, wir wollten noch einmal alles was wir waren und taten in Frage stellen. Wir wollten die Welt und uns selbst – vielleicht ein letztes Mal – so frei und unbedarft wie möglich betrachten.

Die letzten eineinhalb Jahre hatten wir auf den Moment gewartet, an dem dieses Abenteuer beginnen sollte. Nun – nachdem wir knapp einen Monat zuvor Studium (Pascal, Kulturwissenschaften) und Ausbildung (Judith, Einzelhandelskauffrau bei Globetrotter) abgeschlossen hatten – war es tatsächlich so weit: wir verließen das Haus der Familie Frank. Ein merkwürdiger Abschied war es gewesen, der sich gar nicht so recht nach einem Abschied anfühlte.

Es war nicht die erste große Reise für uns. Judith hatte bereits in den Jahren 2005/2006 nach dem Abitur Zentralamerika bereist, 2007 folgten mehrmonatige Reisen nach Nepal und Australien sowie kleinere Wandertouren in Europa. Ich selbst hatte seit dem Abitur 2004 mehrere zehntausend Kilometer per Anhalter in Europa zurückgelegt, reiste von September 2006 bis Oktober 2007 von Bolivien nach Mexiko und hatte im August 2008 einen Fußmarsch von meinem Heimatdorf Marmagen Richtung Afrika begonnen. Dieser Fußmarsch endete im November desselben Jahres in Lausanne und es war unser Anliegen, diese Wanderung nun fortzusetzen.

Diese Reisen hatten unseren Reisestil natürlich ein wenig geprägt, und es waren von vornherein nicht irgendwelche touristischen Attraktionen, rauschenden Partys oder sonnige Strände, die uns in die Ferne trieben. Wenn man die Idee überhaupt benennen kann, die unsere Grundhaltung, sozusagen unseren ‚Reisehabitus' bestimmt hatte, dann war es die Idee des sozialen und nachhaltigen Reisens. Es war die Vorstellung, sich an fremden Orten, in fremden Umgebungen zu bewegen und bewegen zu lassen, ohne selbst Spuren zu hinterlassen – seien sie nun im ökologischen Sinne oder in Form eines schlechten Eindrucks durch unangebrachtes Verhalten. Nicht dass wir der Meinung waren, diesen Reisestil vollständig zu verkörpern, es war vielmehr das Ideal, das uns auf unserem Weg leitete. Aus diesem Ideal ergab sich unter anderem, dass wir im Laufe unserer Tour so viel wie möglich zu Fuß und per Anhalter zurücklegen und auf keinen Fall in ein Flugzeug steigen wollten.

Der Abschied

In den Tagen zuvor hatte es kleine Abschiedsrunden im engsten Kreis von Familie und Freunden und weiteren Besuch bis spät in die Nacht unseres Abreisetages gegeben. Nachdem wir morgens bei Familie Frank noch gemütlich gefrühstückt und dann die letzten Sachen in die vollgepackten Rucksäcke gestopft hatten, ging es los. Vermutlich, weil wir wussten, dass wir uns zunächst nur langsam und direkt von der Haustüre aus auf den Weg machen würden, hatten wir den Eindruck, wir sagen nur für ein paar Tage „Tschüss". Ein Kulturschock blieb in jedem Fall aus. Wir verfolgten sogar noch einen kurzen Moment den Plan, uns angesichts des Wetters von Pascals Eltern ein Stück weit die B51 mitnehmen zu lassen, denn draußen regnete es, was fürs Trampen eher ungünstig ist. Freilich waren wir uns dennoch bewusst, dass dieser Abschied ein Abschied auf unbestimmte Zeit sein würde und dass man über das, was zwischen diesem Abschied und dem nächsten Wiedersehen liegen würde, noch nichts wusste. Vor uns lag ein großes Abenteuer, das am ersten Tag mit einer harmlosen Aufgabe begann: von Marmagen nach Ruthweiler zu trampen, einem kleinen Dorf inmitten der Pfalz, wo seit vielen Jahren mein Onkel, meine Tante und mein Cousin lebten.

Der Start

von Pascal

Gegen 13 Uhr ging es letztendlich doch per Anhalter los, als der Regen gerade ausgesetzt hatte. Unser Gepäck wog etwa 20 Kilo, die sich aus wetterfester, alpentauglicher Kleidung, einem Zelt, Laptop, Yogamatte und Gurt, diversen Dokumenten (Reisepass, Versichertenkarte, Kreditkarten, Impfpass, Tauchbrevet) und Büchern, dicken Schlafsäcken und unserem Reiseproviant zusammensetzten. Der Proviant wiederum bestand zu Beginn aus vielen Tofuwürsten, einem Paket Hafermilch sowie einer Flasche Eifeltraum – eine inzwischen nicht mehr erhältliche Biolimonade aus der Eifel.

Regen und Geschichten: Von Marmagen nach Ruthweiler

In Marmagen angelangt, fand sich auch schnell ein alter Bekannter aus Grundschulzeiten, der unsere erste Mitfahrgelegenheit der Reise wurde. Von dort ging es in zwei Etappen recht zügig weiter bis zur Abfahrt Kronenburg/Stadtkyll, wo sich allerdings auch schon die ersten Probleme zeigten. Nachdem wir etwa eineinhalb Stunden an der Straße gewartet hatten und nur wenige Autos vorbeigefahren waren, entschieden wir uns in der Nähe von Blankenheim erneut unser Glück zu versuchen. Dort gibt es eine ausgezeichnete Stelle zum Trampen. Allerdings hing just über diesem Platz eine dicke Regenwolke, sodass wir gerade einmal zwei Stunden nach Reisebeginn richtig nass wurden.

Zum Glück fand sich einige Zeit später ein sehr netter alter Mann, der zwar eigentlich nur ins zehn Kilometer entfernte Kall wollte, uns aber spontan hundert Kilometer weiter bis hinter Bitburg an einen Rastplatz brachte. Er berichtete uns leidenschaftlich von seinen eigenen Reisen in fremde Länder und seinen Erlebnissen mit anderen Kulturen. Er hatte meist auch ein gutes Wort für sie übrig und verlieh seiner Begeisterung auch noch explizit Nachdruck, zum Beispiel etwa so: „Die Rumänen, das sind sehr fleißige Leute. Jaaaa! Jawohl! Sehr fleißig! Mhm! Und auch ehrlich. Eeehrliche Leute. Ooohja!"

Sehr informativ, äußerst unterhaltsam und ganz sicher ein unvergesslicher Augenblick einer noch sehr jungen Reise.

Insgesamt verlief unser Trampen allerdings nicht sonderlich erfolgreich, sodass wir das eigentlich nur etwa 200 Kilometer entfernte Ruthweiler an diesem Tag nicht mehr erreichten. Stattdessen mussten wir uns mit einer Autobahnabfahrt irgendwo in Richtung Kaiserslautern begnügen, wo wir auch gleich den Reiseproviant aufbrauchten und in einem kleinen Waldstück die erste Nacht verbrachten. Unsere Laune wurde dadurch aber keineswegs beeinträchtigt, denn wenn wir etwas hatten, dann war es Zeit.

Weinseeligkeit: Über Neustadt a. d. Weinstraße nach Freiburg

Am nächsten Tag konnten wir die verlorene Zeit dann allerdings wieder reinholen, denn morgens ging es doch blitzschnell bis Ruthweiler – sogar mit Taxiservice bis vor die Haustür. Den Tag verbrachten wir mit einem kleinen Ausflug in die Kreisstadt Kusel, wo es einen Bioladen zur Aufstockung des Reiseproviants und Reis-Eis gab. Irgendwie fühlte sich die ganze Sache noch nicht wirklich nach einer großen Reise an, denn getrampt waren wir ja auch schon zuvor reichlich und in Ruthweiler waren wir auch nicht das erste Mal. Ich hatte außerdem festgestellt, dass ich mein Regencape und ein paar Socken vergessen hatte. Ein Telefonat mit meinen Eltern sowie einem Freund in Freiburg, der unser nächster Gastgeber sein sollte, sorgte eher für ein Gefühl der Vertrautheit, statt für Aufregung.

Dieses Gefühl sollte sich am dritten Tag schon ein wenig ändern. Nach einem ausgiebigen Frühstück mit der Familie Simon, die uns im Anschluss nach Kaiserslautern brachte, fuhren wir per Bahn gemeinsam mit meinem Cousin Andree nach Neustadt an der Weinstraße. Es hätte auch Kaiserslautern oder Mannheim oder sonst ein Ort in der Umgebung sein können, aber irgendwie hatte Neustadt sowieso seit einiger Zeit einen gewissen Reiz auf mich ausgeübt, und das schöne Wetter lud ohnehin zum Weintrinken ein. So kam es, dass wir zu dritt noch ein wenig durch die Neustädter Straßen schlenderten und uns eine Flasche Wein für sage und schreibe 24 Euro gönnten.

Die Stunden vergingen rasend schnell und gegen Nachmittag machte sich Andree auf den Rückweg. Wir begaben uns dagegen in Richtung Autobahn, denn es sollte noch am selben Tag zu Benjamin Norbert Ernst in Freiburg gehen, einem alten Schulfreund, der sich inzwischen zum Studieren in Deutschlands sonnigster Stadt niedergelassen hatte. Über den Weg dorthin gibt es im Prinzip nur zu berichten, dass es recht zügig voranging, wir von einem Mann mitgenommen wurden, der sein Geld mit mobilen Kinos verdiente, und wir irgendwann in der Dunkelheit ganz in der Nähe der Wohnung meines Freundes ankamen. Da ich schon einmal dort gewesen war, konnte ich mich sogar an den Fußweg erinnern, den wir noch bis dorthin zurückzulegen hatten.

Es war ein warmer Empfang im Hause meines Freundes, mit viel Wein und leckerem Essen. Wir hatten einen wunderbaren Aufenthalt, der allerdings nur zwei Nächte andauerte. Die wenige Zeit wurde für viele Gespräche, nette Kneipen und Cafés sowie noch mehr Wein und gutes Essen genutzt. Vor allem am zweiten Abend meinten wir es gut mit alkoholischen Getränken und unser Gastgeber präsentierte sich als bis dahin und bis auf Weiteres betrunkenster Mensch der Reise.

Die Details sollen dem Leser an dieser Stelle erspart bleiben, insgesamt war es ohnehin nur ein weiterer Moment für unsere Reiseerinnerungen, den wir als einen sehr positiven mitgenommen haben. Wir haben uns sehr gefreut, dort gewesen zu sein, doch es wurde langsam Zeit, sich aus dem bekannten Umfeld zu lösen.

Auf in die Schweiz: Von Sissach nach Lausanne

Es war am Freitag, dem fünften Reisetag, als uns endgültig bewusst wurde, dass unsere Reise allmählich begonnen hatte. Vielleicht auch deshalb, weil wir uns immer weiter von zu Hause entfernten und uns nun endlich auch auf dem Weg ins Ausland befanden. Ziel war ein kleines Städtchen namens Sissach in der Schweiz, ganz in der Nähe von Basel, dort lebte ein Bekannter namens Marco. Ich kannte ihn aus den guten alten Zeiten in Lateinamerika, denn wir machten gemeinsam unseren Divemaster (ein Tauchschein, der zum Leiten von Tauchgängen und Assistieren von Tauchkursen berechtigt) bei Cross Creek, Utila in Honduras. Erwähnenswert ist vielleicht auch, dass Marco eine nicht unwesentliche Inspirationsquelle für unsere bevorzugte Art des Reisens war – das Zufußgehen. Immerhin machte er sich nach Lateinamerika und einigen Monaten Arbeit im asiatischen Raum zu Fuß von Pakistan in Richtung

Schweiz auf. Obgleich sein geniales Vorhaben, Eurasien Schritt für Schritt zu durchqueren, aufgrund diverser Umstände nicht gelang, so sind doch der Plan an sich, dessen versuchte Umsetzung und die so gemachten Erfahrungen bereits wertvoll.

So kam es nach drei Jahren endlich zu einem Wiedersehen. Wir verbrachten nur einen Tag in Sissach, doch es war wirklich großartig, einen Menschen, den man vor einigen Jahren mal irgendwo am anderen Ende der Welt kennengelernt hatte, in seiner Alltagswelt wieder zu treffen. Es war inspirierend und motivierend zugleich, von seinen Erlebnissen und Eindrücken in Asien zu hören. Seine Darstellungen der Erfahrungen und Begegnungen, seine Bilder aus Pakistan und dem Iran entfachten in uns in jedem Fall eine noch größere Lust auf das, was uns bevorstand.

Zugleich war Sissach unser letzter Stopp vor der Alpenüberquerung, sodass es auch die letzte Gelegenheit war, einige vorbereitende Recherchen für unseren anstehenden Fußmarsch anzustellen sowie unseren Reiseproviant aufzustocken. Wir informierten uns zu diversen Fernwanderwegen in den Alpen, entschlossen uns jedoch schließlich dazu, zunächst einfach unserer Wanderkarte von Lausanne am Genfer See entlang bis Chamonix-Mont-Blanc zu folgen und dann vor Ort Informationen zur weiteren Route einzuholen.

Am Sonntagmittag starteten wir in Richtung Lausanne. Auf dem Weg dorthin waren wir gedanklich auch endlich in unserer Reise angekommen, spätestens als wir den Rasthof hinter Bern erreichten und sich von nun an die gesprochene Sprache änderte. Lausanne liegt im französischsprachigen Kanton Vaud, also galt es, Autos mit dem Kennzeichen „VD" zu finden. Tatsächlich hielt sehr bald eine nicht europäisch aussehende Frau, mit dem entsprechenden Nummernschild an, und wir wechselten mit ihr die ersten nicht deutschen Worte. Die Dame war Brasilianerin und stellte mich gleich vor eine sprachliche Herausforderung: Portugiesisch und Französisch mussten kombiniert werden. Da ich Letzteres gerade erst wieder auffrischte und Ersteres stark darunter litt, war die Konversation eine interessante Mischung, die sich am besten als „Franzogiesisch" bezeichnen ließe. Naja, dieser Sprachenwechsel machte in jedem Fall deutlich, dass man sich in neuen Regionen aufhielt.

Judith vor dem Genfer See

Es dauerte nicht lange, bis sich linker Hand der Genfer See zeigte und wir kurze Zeit später Lausanne erreichten. Lausanne – der Ort, an dem ich vor gut zwei Jahren meinen Fußmarsch beendet hatte und von wo aus nun der erste Teil unseres großen gemeinsamen Abenteuers beginnen sollte: la traversée des alpes – 750 kilomètres (Kilometer), 55 jours (Tage), quatre pieds (vier Füße).

Traversée des Alpes: Der Überblick

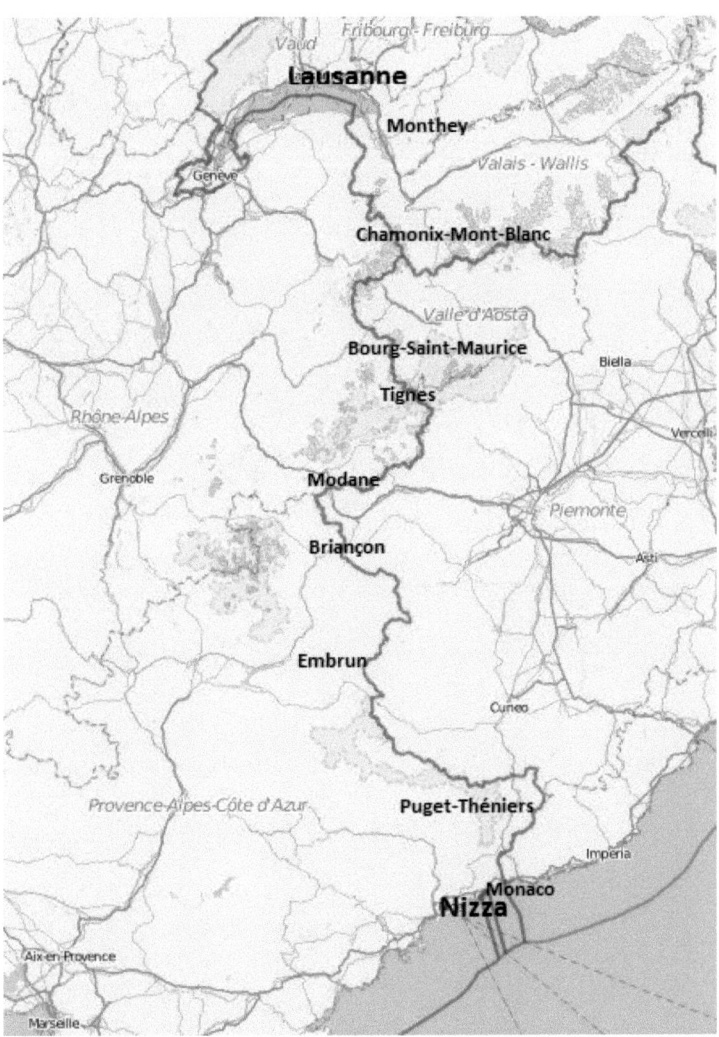

Schweiz, Italien, Frankreich: Unser Weg durch die Alpen, Quelle: OpenStreetMap und Mitwirkende, CC BY-SA

Hier ein kurzer Karten-Überblick über die geplante Reiseroute von Lausanne am Genfer See über die Alpen nach Nizza an der Mittelmeerküste.

Unsere Route führte uns unter anderem über:

- Lausanne
- Monthey
- Chamonix Mont Blanc
- Bourg St. Maurice
- Tignes
- Modane
- Briançon
- Embrun
- Puget Théniers
- Nizza
- Monaco

Die ersten Marschtage von Lausanne nach Monthey

von Judith

Schöne Aussichten

In Lausanne (Schweiz) angekommen, wurden wir von der netten brasilianischen Dame, die uns von Bern mitgenommen hatte, mit Sack und Pack direkt an der Promenade abgesetzt. Ein herrlicher Sonntagnachmittag, viele schicke Menschen schlenderten um uns herum und wir genossen den Blick auf den Genfer See und – natürlich – die Alpen. Pascal sagte: *„Haha, ja da müssen wir drüber ... wahrscheinlich in einigen Tagen schon."* Sieht von hier unten irgendwie nicht schlimm aus, dachte ich mir. Wird schon, sagte ich mir.

Kurze Erholung für die Füße in der Sonne

Wem es noch nicht bewusst ist: Wir reisten tatsächlich mit Sack und Pack. Vom Zelt über die Isomatte, bis hin zu Schlafsack, Benzinkocher, Campinggeschirr, Taschenmesser und Kopflampe hatten wir alles dabei, was das Fernwandercampingherz begehrt. Unsere Rucksäcke wogen um die 18 bis 20 Kilogramm, mal mehr, mal weniger, je nachdem, was so an Leckereien drin war. Des Weiteren kleideten uns feste Wanderstiefel, gute Socken und natürlich, je nach Wetterlage, Regenklamotten und warme Sachen.

So schulterten wir also unsere Rucksäcke in der Stadt und auf ging's, das Zufußgehen hatte begonnen. Noch eher schlendernd brachten wir den ersten Wandertag hinter uns. Es ging stets am Ufer des Genfer Sees entlang, vorbei an prächtigen Villen und menschenleeren Buchten. Die Nacht verbrachten wir gemeinsam mit vielen Mücken, weil wir ohne Zelt auf einem Gelände der Universität schliefen. Am nächsten Morgen begrüßte uns ein netter kleiner Hausmeister mit Kaffee.

Frühstücken und ein Päuschen am Genfer See

Die nächsten zwei Tage führte uns der Weg noch am Genfer See entlang, mal hoch oben durch die Weinberge – oh, und wie lecker diese Weintrauben waren – mal direkt am Ufer. Natürlich wagten wir an einem der Abende auch einen erfrischenden Sprung in den See, bevor uns die Müdigkeit ins gemütliche Zelt trieb.

Bis hierher sahen uns die meisten Menschen als Kuriosität auf diesem Weg an, mit unserem ganzen Gepäck auf den Schultern. Denn wie ein Fernwanderweg sehen die Pfade und Sträßchen, die sich am Ufer des Genfer Sees aneinander reihen, eher nicht aus. Hier liefen der attraktive Jogger, der gut gekleidete Sonntagsspaziergänger oder der elegante Hundebesitzer entlang. Für uns war es ein leichter Einstieg und die Eingewöhnungsphase ins weitere Fernwandern.

Am 7. September 2010 wandten wir dem Genfer See dann endgültig den Rücken zu und erklommen die ersten „Hügel" der Alpen. Wir ließen die reichen Städte am Ufer hinter uns, durchwanderten kleine Bauerndörfer entlang der Rhône und erreichten die Städtchen Aigle und Monthey. In Letzterem hatten wir unseren ersten Aufenthalt bei Couchsurfern – wer nicht weiß, was das ist: Couch Surfing ist ein kostenloses, internetbasiertes

Gastfreundschaftsnetzwerk. Als Mitglied nutzt man die Website, um auf Reisen private kostenlose Unterkünfte zu finden, selbst eine Unterkunft anzubieten oder sich auch auf andere Weise auszutauschen und zu helfen, beispielsweise mit einer Stadtführung oder einem Kaffeekränzchen im eigenen Wohnzimmer – www.couchsurfing.org.

Wir haben dieses Netzwerk auf unserer Alpenüberquerung deshalb besonders gerne genutzt, um zum einen die Menschen jenseits der großen Städte kennenzulernen, zum anderen, um Französisch zu sprechen und insbesondere alle fünf bis acht Tage den Rücken und Körper zu entlasten, indem wir in einem richtigen Bett schliefen. Die körperlichen Strapazen sind nicht zu unterschätzen auf einer solchen Tour – das bekamen wir rasch zu spüren. Tägliches, acht- bis zehnstündiges Wandern in Höhen zwischen 1.000 und 3.000 Metern, etliche Auf- und Abstiege und dazu stets ein Gewicht von ca. 18 bis 20 Kilogramm auf den Schultern und dem Rücken. Wir merkten schnell, dass eine weiche Matratze und ein zweitägiges Pausieren eine willkommene Erholung darstellten.

In Monthey „couchsurften" wir also bei Anne-Luise und Cedric, einem netten französischen Pärchen in unserem Alter, entspannten den Nachmittag im Garten und ließen uns am Abend mit einem einfachen, aber wahrhaft französischen Vier-Gänge-Menü überraschen. Die Franzosen speisen nämlich folgendermaßen: Zunächst eröffnet ein Salat das abendliche Dîner, darauf folgt die Hauptspeise und schließlich rundet eine gemischte Käseplatte (mhm ...) den herzhaften Teil ab, nur um kurz darauf von Gang Nr. 4 abgelöst zu werden – bestehend aus Obst oder einem anderen süßen Dessert. So dauerte es nicht lange und Pascal und ich kamen in den ersten Genuss von herrlichem Käse. Wir ahnten bereits, dass diese Köstlichkeit neben dem süßen Gebäck in der Schweiz und in Frankreich zu unseren Leibspeisen werden würden – meine war es schon vorher.

Die ersten Schritte in den Alpen von Monthey bis Chamonix-Mont-Blanc

von Pascal

Ab Monthey war jegliches Vorgeplänkel vorbei. Nach einigen Tagen der Reisegewöhnung und weiteren Tagen des Einlaufens lagen nun die Alpen vor uns. Erstes Ziel: Chamonix-Mont-Blanc, ein Ort am Fuße des höchsten Berges Europas. Gemessen an der Luftlinienentfernung lag Chamonix nicht einmal sonderlich weit weg, allerdings galt es bis dahin, drei Berge mit jeweils 2.500 Metern zu überqueren – Monthey selbst lag auf gerade einmal 400 Metern.

Der erste Tag meinte es dabei noch halbwegs gut mit uns: Von Monthey aus starteten wir mit einem recht steilen Anstieg in Richtung Troistorrent, auf dem wir uns zwar das erste Mal verliefen, die Hauptstrecke aber dennoch in knapp eineinhalb Stunden zurücklegten. Beim Aufstieg zeigte sich recht schnell die Nützlichkeit von Stöcken, da man sich so besser abstützen konnte. Dies tat auch meinem Rücken beziehungsweise meiner linken Schulter gut, die sich in den ersten Gehtagen von Lausanne aus bereits bemerkbar gemacht hatte – seit meiner Wanderung von Marmagen nach Lausanne 2008 schmerzte die Schultergegend bei längeren Wanderungen mit Gepäck immer mal wieder. Einziges Problem: Ich hatte keine Stöcke dabei und Judith brauchte ihre. Ich musste mir also irgendwo im Wald zwei geeignete Äste suchen, die sich auch schnell fanden.

Blick auf Troistorrents

Troistorrents in der französischen Schweiz war also unser erstes Ziel in den Alpen, und tatsächlich zeigte sich hier das erste Mal die typische Alpenarchitektur, das heißt große Holzhäuser mit schönen Gärten. Wirklich in den Alpen angekommen fühlten wir uns dennoch nicht, denn auf dem Weg entdeckten wir doch tatsächlich Pfirsichbäume und andere leckere Früchte, die man doch eher südlicheren Gefilden zuordnen würde. Obgleich wir uns den wirklich hohen umliegenden Bergen bereits stetig näherten, waren wir erst auf knapp 800 Metern Höhe angekommen. Je höher wir stiegen, desto kälter wurde es und der Regen tat schließlich sein Übriges, um unseren fünften Wandertag nicht zu dem angenehmsten zu machen. Da sich die Menge des Niederschlags aber in Grenzen hielt und es bis zu unserem Tagesziel Champéry nur noch weitere 300 Höhenmeter auf 10 Kilometern Strecke waren, gab es auch an diesem Tag keinen Grund zu jammern.

Champéry schien in erster Linie ein Schweizer Skiort zu sein. Der Winter war aber noch nicht eingekehrt, sodass sich schnell ein guter Zeltplatz im Garten eines leerstehenden Ferienhauses fand, wo wir unsere erste Nacht in den Alpen verbrachten. Und in der Tat: Der Höhenunterschied von 400 auf 1.100 Meter machte sich auch in der Temperatur deutlich bemerkbar. Nichtsdestotrotz fielen wir in einen wohltuenden Schlummerschlaf, noch nicht ahnend, dass sich der nächste Tag wohl für immer in unser Gedächtnis einbrennen würde.

Eigentlich begann alles ganz harmlos: Aufgrund der Kälte verweilten wir morgens ein wenig länger im Zelt, bis sich – wegen der hohen Berge etwas später als gewohnt – irgendwann die Sonne zeigte und ihre angenehme Wärme verströmte. Wir machten etwas Yoga, kauften im Ort ein, frühstückten und starteten anschließend zum ersten wirklich anspruchsvollen Aufstieg, zum Gipfel Tête des Ottans, der die Grenze zwischen der Schweiz und Frankreich markiert. Hierfür mussten wir insgesamt 1.400 Höhenmeter zurücklegen, also doppelt so viele wie am Tag zuvor.

Ein gefährlicher Aufstieg

Der Aufstieg begann recht spät, so gegen zwölf Uhr, und hatte es auch gleich in sich. Auf kleinen Trampelpfaden ging es über Fels und Stein steil den Berg hinauf, mit einem gefühlten Steigungswinkel von 45 Grad. Bis dahin hatten wir gedacht, spätestens durch die vorangegangenen fünf Tage hinreichend in Form zu sein. Nun lehrten uns die Berge die erste Lektion: Laufen ist die eine Sache, Hinaufsteigen eine andere. Nach einer Weile des Laufens begannen wir, jeden noch so kleinen Stein trotz dicker Schuhsohle zu spüren, das Tragen des Rucksacks wurde eher zum Gewichtestemmen, sprich zum Krafttraining für die Beine. Die zunehmende Höhe tat ihr Übriges, um die Alpentour zur körperlichen Herausforderung werden zu lassen. Zur Belohnung gab es spektakuläre Aussichten, zum Beispiel ins Tal Richtung Genfer See und auf die ersten hohen Gipfel mit Dauerschnee. Eines war nun Gewissheit: Die Alpen hatten wir inzwischen erreicht.

Es ging steil bergauf ...

Wir liefen etwa für sechs Stunden entlang eines Flusses, durch waldige Abschnitte, später über kleinere Kletterpassagen und an einigen Wasserfällen vorbei. Es ging in schöner Landschaft und bei gutem Wetter etwa 1.000 Meter hinauf, bis wir schließlich ganz in der Nähe einer Schutzhütte – im Folgenden gemäß der französischen Bezeichnung „Refuge" genannt – eine Plattform erreichten, von wo aus man eine schöne Aussicht auf die auf uns wartende Bergspitze hatte. Einziges Problem: Der Karte zufolge lag der Aufstieg quasi genau in einer Steilwand, die schon aus der Ferne gesehen wohl kaum für einen Aufstieg geeignet war. Es gab schlichtweg keinen sichtbaren Weg, nur Wand.

Mitten in der Steilwand

Nun denn, es fehlten noch etwa 400 Meter bis zum Ziel, allerdings hatten die sechs Stunden Aufstieg plus die Wandertage zuvor ihre Spuren hinterlassen, der erste Muskelkater machte sich bemerkbar, aber da mussten wir durch. Die Meter zum Gipfel gestalteten sich zäh, Schritt für Schritt kämpften wir uns über das Geröll und legten die ein oder andere – mir bereits suspekt erscheinende, weil durchaus schon riskante – Kletterpassage zurück. Zur Erinnerung: Jeder von uns trug etwa 20 Kilogramm Zusatzgewicht auf dem Rücken.

Mit jedem Schritt wurde der Weg beschwerlicher und führte tatsächlich direkt auf die Steilwand zu, bei deren Anblick mich langsam aber sicher die Gewissheit überkam, dort keinen normalen Wanderweg vorzufinden. Der Eindruck sollte sich bestätigen, denn kurz bevor wir die Wand erreichten, bemerkten wir Stufen, Leitern sowie Sicherungsdrahtseile. Da standen wir nun, nach sieben

Stunden Marsch, vor einem etwa 200 Meter hohen Klettersteig, natürlich ohne jedes Sicherungsmaterial dabei zu haben.

Meine vorhergehende Sorge war also nicht unbegründet gewesen, und schon der Beginn des Steigs war so steil, dass nur ein falscher Schritt mit etwa 40 Metern freiem Fall bestraft worden wäre. Wir ließen uns keine Zeit, vor dem eigentlichen Aufstieg noch mal tief durchzuatmen und unsere Höhenangst zu überwinden, der Gedanke ans Umkehren kam uns auch nicht in den Sinn. Judith war ohnehin vor Beginn des Klettersteigs positiver gestimmt als ich, was sich allerdings noch ändern sollte.

So sah der Klettersteig aus.

Wir stiegen also hoch in die Senkrechte, über weit auseinanderliegende, kleine Metallstufen, entlang eines von uns nicht genutzten Sicherheitsseils. Mit dem ersten Schritt war alle Müdigkeit, jegliches Rückenleiden verschwunden, es galt nur noch, diese 200 Meter Steilwand zu überwinden. Ich ging vor, Judith ein Stück hinter mir. In meinem Kopf spielte sich in etwa das folgende

Szenario ab: *„So, du gehst langsam, Schritt für Schritt, immer gut festhalten, dann passiert nichts; nicht nach unten gucken. Oh mein Gott, wenn du jetzt einen Fehler machst, bist du tot, schau nach oben; das ist echt eine saublöde Aktion gewesen hier hochzugehen, das werden wir nicht mehr machen; umkehren lohnt sich jetzt aber nicht mehr, das ist fast genauso weit; hoffentlich geht es Judith gut, hoffentlich passiert ihr nichts!"* Diese Gedanken wiederholten sich für die nächsten 15 Minuten wieder und wieder in meinem Kopf, außer ich widmete meine volle Konzentration dem nächsten Schritt.

Erschwert wurde der Aufstieg dazu noch durch einige besonders heikle Passagen: So lagen zwei der Stufen etwa 75 cm auseinander, die Leiter teilte sich in mehrere, im Hang versetzte Abschnitte auf, deren Übergänge es mehr oder weniger kletternd zu überwinden galt, und zum Ende hin musste ein schmaler Spalt durchquert werden, der mit dem Rucksack kaum passierbar war.

Es war ein Kampf mit den Nerven, und die spielten schließlich auch bei Judith verrückt. Der erste Tränenausbruch kam während der Überwindung der oben erwähnten 75 Zentimeter zwischen den Stufen. Kopf und Beine taten plötzlich nicht mehr dasselbe und die vorangegangenen Belastungen forderten ihren Tribut. Ich hatte zum Glück schon ein etwas höher gelegenes, winziges Plateau erreicht, wo man sich ein klein wenig hinsetzen und vor den letzten Metern ausruhen konnte. Von dort aus redete ich beruhigend auf sie ein. Als sie allerdings einen zweiten Nervenzusammenbruch erlitt, musste ich – nachdem ich den Gipfel schon fast erreicht hatte – doch noch mal runter, um ihr durch die Spalte zu helfen, ehe wir gemeinsam das Ende des Klettersteigs erreichten und dort – völlig fertig mit den Nerven – auf den Boden fielen.

Der weite Blick vom Tête des Ottans

Das Abenteuer hatte Nachwirkungen, denn weder konnten noch wollten wir weiter laufen, sodass wir uns wenige Meter entfernt einen Zeltplatz auf 2.500 Metern Höhe suchten. Geschlafen haben wir allerdings nicht viel, denn die Erinnerung an das Erlebte, das Restadrenalin im Blut und schließlich die Frage, was uns wohl beim Abstieg erwarten würde, ließen zumindest mir keine Ruhe. Wir sahen in diesem Moment einen Gletscher direkt vor uns – wenigstens Wasser für den Abend und den Morgen –, dessen Anblick uns nicht unbedingt beruhigte.

Ein erholsamer Abstieg nach Sixt Fer à Cheval

Immerhin: Wir hatten nach fünf Tagen Marsch Frankreich erreicht und wurden am nächsten Morgen mit einer wunderschönen Aussicht belohnt, die unsere kleine Nahtoderfahrung zumindest etwas kompensierte. Wir konnten über das gesamte Tal schauen, das wir seit unserem Start in Lausanne durchquert hatten. Ganz in der Ferne erblickten wir das Juragebirge, das aussah, als würde es sich in den Genfer See herabsenken. Von diesem Punkt aus erhoben sich die Alpen, deren Gipfel sich rund um uns herum präsentierten. In der anderen Richtung konnte man bereits einige schneebedeckte Viertausender erkennen, allen voran den Mont-Blanc, den wir hier erstmals erspähten.

Der vor uns liegende Gletscher war letztendlich eine problemlose Passage und auch der weitere Weg schien leicht passierbar zu sein, sodass sich am Morgen doch eine gewisse Entspannung einstellte. So deutlich, dass sie uns dazu veranlasste, erstmals unsere kleinen Reiseboxen mit MP3-Player aus dem Rucksack zu kramen und zu Rockmusik ein Alpentänzchen zu wagen. Eine Zwei-Mann-Party auf dem Gipfel des Tête des Ottans und der Beweis, wie nah häufig Freud und Leid beieinanderliegen. Es war dennoch eine verhaltene Freude, denn der Abstieg stand uns ja noch bevor.

Die Strecke führte uns nun nur bergab, auf teilweise steilen, aber doch gut machbaren Wanderwegen, in Richtung der Gemeinde Sixt Fer à Cheval. Unsere eigentlich geplante Route, die uns bis in den Ort führen sollte, verwarfen wir allerdings, als wir herausfanden, dass diese wieder mit einem ordentlichen Aufstieg auf einem ‚Chemin Délicat', einem schwierigen Weg, verbunden gewesen wäre – davon hatten wir erst mal genug. Wir bevorzugten stattdessen einen Umweg, der wesentlich angenehmer zu gehen war.

Malerisch: Das Naturreservat Sixt Fer à Cheval

Eine wirklich große Erleichterung trat schließlich ein, als wir an der Refuge de la Vogealle ankamen, wo wir uns ein großes Bier und einen großen Kakao gönnten. Wir zogen die Schuhe aus und hatten in diesen sicheren Gefilden die Gelegenheit, tief durchzuatmen. Es ist ein simples Prinzip im Leben: Manchmal muss man wirklich in der Scheiße stecken, um die einfachen Dinge schätzen zu lernen. Es hätte uns in diesem Moment nichts glücklicher machen können, als unser Brot mit Käse zu essen, ein Bier in der Sonne zu trinken und eine Tasse Kakao zu genießen. Es mag übertrieben klingen, aber wir haben uns gefreut, noch am Leben zu sein.

Zu erwähnen wäre vielleicht noch, dass der Aufenthalt in der Refuge mit einer versuchten Huhn-Attacke verbunden war: Eines der freilaufenden Hühner versuchte tatsächlich, mir in den Fuß zu picken. Glücklicherweise bemerkte ich den Hinterhalt gerade noch rechtzeitig – das Huhn holte schon mit dem Kopf aus –, sodass ich meinen Latschen im letzten Augenblick aus der Gefahrenzone ziehen konnte.

Der restliche Tag verging relativ ereignislos: Wir genossen auf unserem Abstieg Richtung Dorf die fantastische Landschaft und kamen schließlich an einer Straße heraus, von der aus es weitere sechs Kilometer nach Sixt Fer à Cheval waren. Da es allerdings Samstag, 17:30 Uhr war und wir unsere Essensvorräte komplett aufgebraucht hatten, entschlossen wir uns, die Straße per Anhalter hinter uns zu bringen, um im Ort noch einkaufen zu können. Inmitten des kleinen Dorfs fand sich auch eine schöne Wiese für unser Nachtlager, direkt in der Nähe öffentlicher Toiletten mit heißem Wasser sowie ein paar Bänken. Bevor wir unsere müden Knochen im Zelt zur Ruhe betteten, schauten wir noch den Einheimischen ein wenig beim Boule-Spielen zu, ein klares Zeichen dafür, dass wir inzwischen in Frankreich angekommen waren.

Gewitter und grandiose Ausblicke auf dem Weg nach Chamonix Mont Blanc

Tag vier in den Alpen sollte dann wieder anstrengend werden: 1.300 Höhenmeter bis zur nächsten Refuge Albert Wills, in deren Nähe wir auf einem Hügel im Zelt nächtigten. Es war heiß. Die ersten dicken Blasen an den Fersen machten sich breit und erschwerten den Aufstieg. Sonne und Sonntag sorgten außerdem dafür, dass uns zu Beginn unseres Weges eine Horde Menschen begleitete.

Die Strecke war geprägt von einem schweißtreibenden Aufstieg, schönen, teils steilen Wanderwegen mit malerischen Landschaften – Täler, Wälder, Flüsse und Wasserfälle, hohe Berge – und entspannenden Pausen mit kleinen Leckereien. Am Abend erreichten wir dann unser letztes Tagesziel vor Chamonix, wo wir unser Zelt auf einem kleinen Hügel neben einem großen Kreuz aufstellten, kochten, Yoga machten und uns dann einen Vin Chaud (heißer Wein) gönnten.

Kein guter Ort für Gewitter

In der Zwischenzeit begann es draußen sintflutartig zu regnen, begleitet von einem heftigen Gewitter. Die Tatsache, dass unser Zelt neben dem Kreuz, abgesehen von den umliegenden Bergspitzen, praktisch den höchsten Punkt der Umgebung bildete, war nicht gerade sehr beruhigend. Wir verbrachten die erste Zeit im Zelt folglich damit, die Entfernung des Gewitters abzuschätzen – Sekundenzahl zwischen Blitz und Donner = Entfernung in Kilometer des Gewitters. Letztlich ging die Entladung aber doch an uns vorbei und wir konnten in Ruhe schlafen.

Am Morgen war der Regen auch schon wieder vorbei, kalt und feucht war es trotzdem. Da uns das Brot ausgegangen war, gab es Spaghetti zum Frühstück, deren Zubereitung übrigens auch mit dem Verbrauch des letzten Benzins einherging. Die Etappe hatten wir so geplant, dass wir in jedem Fall am Abend Chamonix erreichen mussten. Wir wollten gegen 17 Uhr den 2.500 Meter hohen Col du Brévent erreichen, um von dort rechtzeitig zum Einkaufen ganz gemütlich – die Beine baumeln lassend – mit der Seilbahn in den Ort zu fahren.

An diesem Tag mussten wir zunächst einen kleinen Aufstieg von 200 Metern entlang eines kleinen Bergsees und quer durch eine Schafherde meistern, ehe wir am ersten Gipfel des Tages mit einer wunderbaren Aussicht auf den Mont Blanc ankamen. Von hier aus führte der Weg zuerst mehrere hundert Meter tief ins Tal zurück, ehe dann ein langer, zäher Aufstieg hoch zum Col anstand. Es waren spektakuläre Szenarien, die sich uns auf diesem Weg boten: Die imposanten Berge und Täler, bedeckt von saftigem Grün und immer wieder durchzogen von Flüssen und Wasserfällen waren etwas, woran wir uns überhaupt nicht sattsehen konnten.

Wirklich einmalig wurde das Landschaftsbild aber, als auf einmal riesige Felsbrocken das Gelände durchbrachen, man fühlte sich fast wie auf dem Mars. Wir durchquerten diese außergewöhnliche Landschaft, als sich plötzlich direkt vor uns der Mont Blanc erhob, sozusagen beinahe zum Anfassen nah, ein unglaubliches Panorama. So unglaublich, dass wir das Gefühl hatten, vor einem gemalten Hintergrund zu posieren, so surreal erschien uns der gigantische, weißgewaschene Berg vor dem strahlend blauen Himmel. Da war er nun, der höchste Berg Europas, doppelt so hoch wie der Col du Brévent, der uns bereits erwartete. Wir wussten, das erste große Ziel unserer Etappe war fast geschafft, auch wenn wir noch ein wenig zu laufen hatten.

Unvergesslicher Blick auf den Mont Blanc

Wir wollten den Gipfel erreichen, denn unsere gesamten Vorräte waren aufgebraucht. Um nach Chamonix zu gelangen und etwas zu essen zu bekommen, benötigten wir allerdings wie gesagt die Seilbahn. Beim Aufstieg wurden wir dann noch mal an den Tête des Ottans erinnert, denn wir hatten eine Kletterpassage zurückzulegen, die aber bei Weitem nicht so krass war wie die ein paar Tage zuvor. Es galt zwar einige Leitern zu erklimmen, allerdings handelte es sich um mehrere kurze, auch nicht allzu steile Abschnitte, und mit etwas Vorsicht konnten wir diesen Teil des Weges schnell bewältigen.

Wir kamen also gesund oben am Gipfel an und sahen auch schon die Seilbahn, als plötzlich ein aufgebrachtes britisches Pärchen auf uns zustürmte und uns mitteilte, die letzte Bahn sei gerade abgefahren. Das konnte doch nicht möglich sein – obgleich wir schon vorher den einen oder anderen Witz darüber gemacht hatten. In unseren Beinen steckten neun Tage Wanderung, bereits unzählige Höhenmeter, davon allein an diesem Tag acht Stunden Marsch mit einer Höhendifferenz von 2.200 Metern. Aber wie es aussah, gab es keine andere Möglichkeit, als zumindest bis zur nächsten, etwa eine Stunde entfernten Seilbahn zu laufen.

Diese erreichten wir freilich auch nicht mehr rechtzeitig, sodass wir weitere zwei Stunden und 1.000 Höhenmeter Abstieg hinter uns bringen mussten, um dann völlig fertig, durstig und ausgehungert, nach 16 Reise- und neun Marschtagen, Chamonix-Mont-Blanc zu erreichen. Dort angekommen wurde es endlich mal Zeit, irgendwo essen zu gehen – angesichts der inzwischen fortgeschrittenen Stunde blieb uns auch gar nichts anderes mehr übrig, da die Läden schon geschlossen hatten. Für die erste Nacht wählten wir zum Schlafen die gegenüber dem Wildcampen wesentlich bequemere Variante, einen Campingplatz. So also beendeten wir die erste große Alpenetappe.

Von Chamonix-Mont-Blanc nach Bourg St. Maurice: Pausen-, Wander- und Geburtstage

von Judith

Dichter Nebel am Morgen

Da waren wir nun also in Chamonix-Mont-Blanc, DEM Bergsteigerort schlechthin. Vor unserer Abreise hatte Steffi (meine Mitbewohnerin) mir noch gesagt: *„Chamonix ist voller Kletterfreaks ... das Mekka des europäischen Bergsports."* Und sie hatte natürlich Recht. In den Straßen der wirklich schönen (Alt-)Stadt tummelten sich die Bergsteiger wie die Ameisen und namhafte Ausrüster mit ihren exklusiven Läden. Von der Outdoor-Schickeria bis hin zu den alten Hasen der Branche war in Chamonix alles zu finden. Kein Wunder, liegt die Stadt doch am Fuße des höchsten Berges Europas, dem Mont Blanc (4.810 Meter). Jener war es schließlich auch, dessen Antlitz uns nachhaltig in Erinnerung blieb, stand er doch direkt vor unserer Nase.

Hier, am Ausgangspunkt zu allen nur denkbaren Touren rund um und auf diesen Berg, packte uns der Eifer, ihn zu bezwingen. Allerdings wurde unsere Begeisterung schnell wieder ausgebremst, denn eine geführte Tour auf den Mont Blanc – Dauer: drei Tage inklusive Akklimatisierung etc. – hätte pro Person ca. 1.056 Euro gekostet. Ja genau, deswegen ließen wir das bleiben, da es für uns ohne Führung nicht zu bewerkstelligen gewesen wäre und uns die Tour zu teuer war.

Nach langem Hin und Her entschieden wir uns für eine geführte Tour ÜBER das Massiv, sozusagen seitlich am Berg vorbei, um dann auf der anderen Seite unseren Fußmarsch in Italien fortzusetzen. Daraus folgte, dass wir unser ganzes Gepäck dabeihaben würden, wenn wir den Gletscher überquerten. Das war allerdings laut Bergführer, den wir dafür engagiert hatten, kein Problem. Indessen holte uns aber das schlechte Wetter ein. In den nächsten Tagen stürmte es heftig und schneite ununterbrochen. Wir mussten die Tour zweimal verschieben und es schließlich enttäuscht dabei belassen, das Mont Blanc-Massiv auf unserem weiteren Weg nur zu umrunden und NICHT zu überqueren.

Hier zeigte sich wieder deutlich: Wir waren zu spät dran. Will heißen, der Winter stand vor der Tür, die Wandersaison war nahezu beendet. In die Berge gingen nur noch die Wenigsten, denn das Wetter wurde instabil. Regen, Wind, Schnee und Kälte läuteten das Ende der Bergsaison ein. Nur wir zwei Verrückten meinten, am Anfang eines langen Winters die Alpen von Nord nach Süd, über den Hauptkamm, überqueren zu müssen.

Es gab jedoch auch einen erfreulichen Ausblick: Ein Couchsurfer aus der Region, der zugleich Bergführer war, hatte uns eingeladen und wir verbrachten mit ihm und seinem Mitbewohner (ebenfalls ein Bergführer) einen wirklich fabelhaften Abend mit leckerem Wein, Unmengen an Nudeln und Salat und viel Gerede über die Berge. Die beiden kamen gerade vom Mont Blanc, hatten eine Gruppe gutbetuchter Schweizer innerhalb von drei Tagen auf den Gipfel geführt und füllten nun ihre eigenen körperlichen Reserven mit großem Appetit wieder auf. Kein Wunder, nach den Anstrengungen und der guten Bergluft. Es war ihr letzter Aufstieg in dieser Saison gewesen – sie erklimmen den Gipfel ca. 20 bis 30 Mal in einem Sommer –, bevor sie ihren viermonatigen Urlaub antraten, welchen sie zum Klettern in den USA und Südamerika nutzen wollten. Schöne Aussichten für die beiden!

Der Weg um das Mont Blanc-Massiv

Wir machten uns am nächsten Morgen bei miesem Wetter auf. Es war nebelig und ein wirklich öder Tag, auf unserem Weg gab es nicht viel zu sehen. Abends erreichten wir jedoch einen kleinen, reizvollen Ort namens Le Champel, mit einem schönen Zeltplatz vor einer Hütte, der viel Ruhe und Beschaulichkeit ausstrahlte. Nach einer erholsamen Nacht erwarteten uns am nächsten Morgen zum Frühstück Kirschtee, Kuhglocken und klirrende Kälte. Das Wetter wollte einfach nicht besser werden, es regnete, regnete und regnete. Zum Klagen blieb dennoch keine Zeit, also packten wir die Regenklamotten aus, zogen sie an und gingen los.

Während einer Pause im kleinen Ort ‚Les Contamines', trafen wir vier Israelis, die das Mont Blanc-Massiv umrundeten. Wir aßen mit ihnen gemeinsam Suppe vor einem kleinen Campingkocher und teilten Bier und Kekse zum Nachtisch. Trotz leichterem Gepäck konnten die vier Urlauber auf der weiteren Strecke nicht mit uns Schritt halten und so zogen wir zu zweit in immer dichterem Nebel bald vorneweg, auf der Suche nach einem Zeltplatz.

Vier Mit-Wanderer aus Israel

An diesem Abend stand unser Zelt nahe der Refuge de La Balme und vor dem Schlafengehen war die dringend notwendige Katzenwäsche fällig. Wasser war genügend da, doch die fünf Grad Außentemperatur sorgten dafür, dass wir eifrig schrubbten und uns so schnell wuschen wie irgend möglich. Wie kalt das Wasser war, das wollte ich gar nicht wissen!

Am nächsten Morgen lagen wir noch im Zelt, als wir hörten, wie die ersten Wanderer unseren Zeltplatz passierten, während wir lauthals irgendeinen Blödsinn daherquatschten. Wir schauten raus, um zu sehen, wer denn da so zugehört hatte ... und siehe da ... es waren die vier israelischen Wanderer vom Vortag. Es war auch schon wieder Sonntag geworden, das hieß, die Franzosen waren früh und eifrig unterwegs und teilten sich mit uns die Wanderwege. Das Wetter war an diesem Tag phantastisch: blauer Himmel, kühle, frische Luft und Sonne!!! Und so räkelten wir uns in der Pause regelrecht im Sonnenschein, zogen die Schuhe aus und holten die Kekse raus.

Schöne Aussichten

Wir gingen bis zum Abend weiter über Bergkämme, stetig Richtung Süden und wurden des sich wiederholenden bergauf, bergab nicht müde, denn zur Belohnung für die Mühen eröffneten sich uns großartige Aussichten über die bergige Landschaft. Zum Einschlafen gab's wieder Kuhglockengeläut aus dem Tal. Das perfekte Alpen-Klischee!

Am nächsten Morgen weckten uns die ersten Sonnenstrahlen. Da unser Zeltplatz oben in den Bergen lag, war es schnell warm und wir genossen entspannte Morgenstunden mit leckerem Tee und Yoga in der Sonne. Der Weg brachte uns an diesem Vormittag bereits ins Tal von Valezan und die Landschaft um uns herum wurde immer tropischer. Wir spürten den Süden Frankreichs regelrecht. Grillen zirpten, tausende Grashüpfer waren zu sehen, und wir hatten Sonne satt.

Farbenfrohes Haus in Valezan

Abends erwartete uns dann ein Knaller: Da ich am nächsten Tag Geburtstag hatte, nahmen wir uns ausnahmsweise ein kleines Zimmer in der Auberge (Herberge) Le Valezan, in dem klitzekleinen Bergdorf Valezan – übrigens unsere erste bezahlte Unterkunft auf dieser Reise. Die wunderschönen Holzhäuser mit imposanten Balkonen, die kleinen Gässchen und der allgegenwärtige Ausblick auf die Berge machten diesen Ort sympathischer als alle zuvor gesehenen.

Wir waren die einzigen Gäste in der Auberge und der Wirt fuhr anlässlich meines bevorstehenden Geburtstages ein Vier-Gänge-Menü auf, das seinesgleichen suchte, inklusive Champagner und Wein aus der Region. Der erste Gang war ein bunter Salat mit Melone und Mango. Als zweiten Gang packte er auf einen RIESIGEN Teller ein Pilzomelette, Bandnudeln in Olivenöl, köstliches gedünstetes Gemüse und einen ganzen Kürbis, gefüllt mit Risotto.

Ein leckeres und reichliches Geburtstagsmenü

Als dritte Köstlichkeit gab es eine Auswahl an regionalem Käse plus passenden Wein. Und zu guter Letzt einen Ei-Schaum-Nachtisch auf Vanillesoße mit Kirschmarmelade. Pascal kam noch in den Genuss des letzten Highlights, ein köstliches Glas Wein, exklusiv hergestellt für die Familien aus der Region, die Flasche war leider unverkäuflich. Der Wirt, ein Franzose nigerianischen Ursprungs, hatte uns wirklich verwöhnt! Und so wälzten wir uns mit zum Bersten gefüllten Mägen ins, für unsere Verhältnisse, unglaublich bequeme, große, weiche, komfortable Bettchen und schliefen in meinen Geburtstag hinein.

Am Geburtstagsmorgen

21.09.2010: L'anniversaire, l'anniversaire – Judith hat Geburtstag

Zur Feier des Tages tranken wir den Rest der Weinflasche des vorangegangenen Abends in der Früh auf dem Balkon. Prost und alles Gute! Nach einem französischem *Petit Déjeuner* erkundeten wir das Örtchen Valezan und machten uns wenig später auf in Richtung des Ziels unserer zweiten großen Wanderetappe in den Alpen: die gar nicht mehr so fern gelegene Stadt Bourg St. Maurice.

Im Übrigen führte uns unsere Reise nun mehr und mehr ins Authentische: Kleine Orte mit noch kleineren verwinkelten Gassen, blühende Gärten, viele Katzen, die gemütlich in der Sonne vor sich hin dösten, viel Holz und stets der Ausblick auf grandiose Berge. Nach einem zweistündigen Spaziergang erreichten wir bereits Bourg St. Maurice, eine kleine nette Stadt.

Dort holte uns Couchsurfer Lionel in einem Café ab und wir kochten zur Feier des Tages köstliche Käsetortellini à la Pascal Frank! Wer sich an dieser Stelle fragt, wie wir denn zu all den netten Couchsurfern kamen, dem sei hier erklärt:

Wann immer sich uns die Möglichkeit eines Internetzugangs bot, kontaktierten wir bereits potenzielle zukünftige, entlang unserer Marschroute wohnende Couchsurfer. So konnten wir alle fünf bis acht Tage nette Einheimische treffen, mal gründlich duschen, gemeinsam mit unseren Gastgebern kochen und die Isomatte für zwei, drei Nächte gegen eine weiche Matratze eintauschen.

Klettern am Stadtfelsen

Die nächsten beiden Tage verbrachten wir mit allerlei schönen Dingen: Neben nur allzu bekannten Freizeitbeschäftigungen wie Ausspannen, Faulenzen, in der Sonne liegen – oh ja, die Sonne knallte regelrecht vom Himmel, wir hatten 25 Grad – unternahmen wir mit Lionel einen Kletterausflug zum Stadtfelsen und übten uns im Toprope-Klettern. Das hieß im Detail: Wir waren ausgestattet mit Seil, Gurt und Sicherungskarabiner. Ich fand das ganz fantastisch, war ich doch in Köln vor unserer Reise nicht mehr oft zum Klettern gekommen. Toll, wenn sich dann unterwegs solche Gelegenheiten ergeben!

Das i-Tüpfelchen gab es am Abend, Pascal und ich hatten seit Tagen davon geträumt: Wir grillten. Dazu wurde hausgemachter Nudelsalat, Kräuterbutter und leckerer Tofukram aufgetischt. Mensch, ganz und gar wie zu Hause. Ihr solltet nämlich wissen: Während unserer Wanderung musste sich unser kulinarisch verwöhnter Gaumen durchaus mit wenig begnügen, und so kam es nicht selten vor, dass wir uns beim Wandern ausschweifend über diese und jene Köstlichkeiten unterhielten und einander erzählten: *„Oh weißt du noch ... dies und jenes ist ja sooo lecker ... beim nächsten Mal, wenn wir irgendwo kochen können, machen wir dies und das ... oh und im nächsten großen Supermarkt kaufen wir das, das und das ... und dann backen wir dieses und kochen jenes und, und, und ..."*, so nahmen die Gespräche über Essen üblicherweise ihren Lauf.

Bunte Bergblumen überall

Am dritten Morgen unseres Couchsurfings packten wir wieder unsere sieben Sachen zusammen und es ging weiter. Die dritte große Etappe stand an!

Von Bourg St. Maurice nach Tignes: Couchsurfen, Unwetter und Freeclimbing

von Pascal

Ohne Zweifel, es waren schöne zwei Tage in Bourg St. Maurice gewesen. Nette Menschen, gutes Wetter, leckeres Essen, Yoga, das Gefühl, inzwischen tatsächlich schon einiges vom Weg über die Alpen geschafft zu haben. Allerdings saß uns – und dies änderte sich eigentlich die gesamte Alpenüberquerung nicht – ständig der Zeitdruck beziehungsweise um genau zu sein, der Winter im Nacken. Wir waren ja schließlich noch mitten in den Alpen, es wurde langsam aber sicher kälter, der Weg war noch lang und es gab noch einiges zu entdecken und kennenzulernen.

So zum Beispiel ein Couchsurfer-Pärchen aus Les Arcs, denen wir eigentlich wegen einer Unterkunft in Bourg St. Maurice geschrieben hatten, die selbst aber in einem kleinen Ort weiter südlich, namens Les Arcs 1800, wohnten. Als kurze Erklärung sei vielleicht gesagt, dass sich Les Arcs in drei voneinander unabhängige Orte aufteilt: Les Arcs 1600, Les Arcs 1800 und Les Arcs 2000. Die Zahl hinter dem Namen gibt dabei die Höhe an, auf der sich die Ortschaft befindet.

Wir setzten unsere Reise von Bourg St. Maurice, auf etwa 800 Metern gelegen, bis ins fünf Kilometer entfernte Les Arcs 1800 fort. Da Lucy, die Frau unseres Couchsurfing-Paares, gerade mit dem Wagen im Ort war, holte sie uns bei Lionel ab und gemeinsam ging es 1.000 Meter in die Höhe. Wir nisteten uns für zwei Tage bei ihr, ihrem Mann Etienne sowie der zweijährigen Tochter Luise ein.

Skifahrer-Ghetto Les Arcs

Insgesamt würde ich von einem etwas kontroversen Aufenthalt sprechen, was jedoch nicht etwa daran lag, dass die drei nicht äußerst sympathisch gewesen wären, im Gegenteil, wir hatten eine gute Zeit zusammen. Wir schauten den ersten Film auf unserer Reise (Gran Torino), es gab französische Küche, die üblichen guten Dinge, die das Couchsurfen mit sich bringt. Allerdings mussten wir spätestens in Les Arcs feststellen, dass die Alpen nicht nur schöne Seiten haben:

Was ich oben als ‚Ortschaft' bezeichnet habe, war nämlich im Wesentlichen nichts anderes als ein Skiresort. Etwa 200 Menschen leben hier ganzjährig in merkwürdig gebauten, ziemlich hässlichen Bungalows, die riesigen Hotelburgen ähneln. In diesen befinden sich auf mehreren Etagen unzählige Wohnungen und Zimmer, von denen ein Großteil unbewohnt ist.

Im Winter gesellen sich zu den 200 Bewohnern etwa 19.800 (!) Besucher, die für ein paar Tage Ski fahren. Dabei geben sie Unmengen an Geld aus, mit dem dann in den umliegenden Bergen enorme, ressourcenschluckende Skilifte gebaut werden, die dann statt Wäldern die Landschaft zieren. Dadurch wird vermutlich irgendein anderer Mensch noch viel reicher, der seinen Winterurlaub im nicht weit entfernten Tignes verbringt und sich dort im Restaurant eine Flasche Wein für 500 Euro gönnt – dazu später mehr. Mit dem Verlassen von Bourg St. Maurice begann also der Einblick in die französisch-alpinen Skigebiete, die ich als Nichtskifahrer eigentlich keinem empfehlen kann. Im Vergleich zu den großartigen Landschaften der vorangegangenen Wandertage führte ihr Anblick dazu, dass wir ein wenig Trübsal bliesen.

Mieses Wetter in den Bergen

Darüber hinaus erwartete uns in Les Arcs das erste richtig beschissene Wetter. Wegen notwendiger Lebensmitteleinkäufe machten wir uns am zweiten Tag zu Fuß auf, runter nach Bourg St. Maurice – die Anreise mit dem Auto am vorherigen Tag konnten wir natürlich nicht einfach so auf uns sitzen lassen, war es doch unser Ziel, den Weg bis Nizza zu Fuß zurückzulegen. Es hatte schon beim Abstieg ein wenig genieselt, doch als wir den Supermarkt verlassen hatten und noch einige Besorgungen in der Stadt machen wollten, fing es an wie aus Eimern zu schütten. Dies sollte sich auch die nächsten zwei Stunden nicht mehr ändern, sodass wir die etwa 1.000 Meter Aufstieg im Regen hinter uns bringen mussten und somit vollkommen durchnässt und verfroren in der Skifestung ankamen.

Ich hatte mir bei dem Spaß dermaßen kalte Finger geholt, dass die plötzliche Wärme in den Händen beim Eintritt ins Wohngebäude der Gastfamilie sofort auf meinen Kreislauf schlug. Als wir in der von uns temporär bewohnten Etage ankamen und ich aus dem Fahrstuhl stieg, musste ich mich dringend hinsetzen, doch die Ohnmacht kam mir zuvor und ich fiel unkontrolliert aufs Gesicht. What a weather! Ich kam mit dem Aufprall auch wieder zu mir. Verletzt war ich nicht und so wurde meine Bauchlandung letztlich zu einer weiteren lustigen Erinnerung einer intensiven Wanderzeit.

Bis zum nächsten Morgen hatte sich die Wetterlage zwar dahingehend entspannt, dass es nicht mehr regnete, die dicken Wolken hatten sich aber noch nicht verzogen. Hinzu kam, dass der ganze Niederschlag vom Tag zuvor ab 2.000 Metern Höhe in Form von Schnee auf die Erde niedergerieselt war, sodass nun auch die erste Schneeetappe auf uns zukam. Zu erwähnen wäre zudem noch, dass aufgrund des schlechten Wetters die ursprünglich angedachte Überquerung des knapp 3.900 Meter hohen Mont Pourri-Massivs ins Wasser beziehungsweise in den Schnee fiel. Das war nach der geplanten Überquerung des Mont Blanc-Massivs schon die zweite Tour, die wir aufgrund der Witterungsverhältnisse nicht machen konnten.

Lucys Vater war Bergführer und hätte uns bei gutem Wetter in einer Zweitagesetappe quer von Westen über den Mont Pourri Richtung Osten geführt, von wo aus wir dann weiter nach Tignes hätten laufen können. Da das Wetter aber nicht mitspielte, war unsere Alternative die Überquerung des Aiguille Grive, 2.732 Meter hoch. Es sollte ein weiterer unvergesslicher Tag unserer zweimonatigen Alpenüberquerung werden ...

Kleiner Einblick in den Weg zum Aiguille Grive

Gipfelsturm auf den Auguille Grive

Ich berichte am besten von Anfang an: Etienne kannte sich in der Region ganz gut aus und konnte uns ein wenig über die verschiedenen Routen erzählen, die wir auf unserem Weg Richtung Tignes nehmen konnten. Ganz verlockend erschien uns der Einstieg in den Parc National de la Vanoise, bei dem man zum einen den oben genannten Aiguille Grive überquerte, zum anderen am Fuße des Mont Pourri in einer Refuge nächtigen konnte, die aller Voraussicht nach leer sein und uns deshalb ein gemütliches Nachtlager bieten würde.

So starteten wir also – auf den ersten Metern begleitet von Lucy, Etienne und Luise – am Morgen des 25. Septembers 2010 in diese Richtung. Die Sicht war ausgesprochen schlecht, es nieselte ein wenig, die Landschaft war von hässlichen Skiliften dominiert. Es ging bergauf, ab etwa 2.200 Höhenmetern durch Schnee. Mit zunehmender Höhe wurde die Landschaft etwas sehenswerter, was insbesondere daran lag, dass wir die Skilifte hinter uns gelassen hatten. Insgesamt konnten wir angesichts des dichten Nebels aber nicht wirklich von den Aussichten profitieren, vielmehr reduzierte sich die Sichtweite in etwa proportional zum Höhenanstieg, während Schneefall und Schneetiefe immer weiter zunahmen.

Orientierungstafel auf dem Aiguille Grive

Auf etwa 2.400 Metern erreichten wir eine Weggabelung, von der aus es zwei Möglichkeiten gab, unsere angepeilte Refuge zu erreichen: Der eine Weg führte auf etwa gleichbleibender Höhe dorthin, der andere führte weiter nach oben zum Aiguille Grive, den man allerdings infolge der schlechten Sicht überhaupt nicht erkennen konnte. Die Schneehöhe betrug hier etwa zehn Zentimeter und von unseren Alpenerfahrungen aus der Schweiz zwei Jahre zuvor wussten wir ja durchaus mit Schnee in den Bergen umzugehen. Wir entschieden uns folglich für die zweite Variante.

Berge und Schnee auf dem Weg zum Gipfel des Aiguille Grive

Der Weg war durchaus zu bewältigen. Angesichts des Schnees, der oben etwa 30 Zentimeter Höhe erreichte, war der Weg zwar etwas anstrengender, aber dennoch gut begehbar. Wir erreichten etwa 45 Minuten später den Gipfel, der sich uns mit einer großen Orientierungstafel präsentierte, auf der geschrieben stand: *„Table d'Orientation de l'Aiguille Grive. Altitude: 2732 m"*. Gut zu wissen, denn wirklich oben angekommen fühlten wir uns nicht, dank 10 Metern Sicht hätten wir genauso gut in einem Zimmer sitzen können, nur dass es dort vermutlich wärmer und trockener gewesen wäre.

Nun ja, die 2.732 Höhenmeter stellten bis zu diesem Zeitpunkt unseren Höhenrekord dar, auch wenn wir davon in diesem Moment nichts hatten. Die schlechte Sicht stellte sich allerdings noch in ganz anderer Hinsicht als problematisch heraus: Wo war der Weg nach unten? Unserer Karte zufolge musste es einen Pfad für den Abstieg von etwa 200 Höhenmetern geben, der uns direkt zu einer Seilbahnstation hätte führen müssen, von wo aus es noch etwa eine Stunde Fußmarsch bis zur Refuge du Mont Pourri sein sollte. In Anbetracht des Nebels war aber von alledem nichts zu erkennen. Der Schnee tat sein Übriges und bedeckte die Wegmarkierungen, sodass wir ziemlich orientierungslos auf dem Bergkamm einen Pfad nach unten suchten. Klar war eigentlich nur, dass es nicht der Weg sein konnte, auf dem wir zum Gipfel hinaufgestiegen waren.

Wir versuchten zunächst rechts vom Aufstieg unser Glück, da hier ein Pfad zu verlaufen schien, allerdings ließ die bereits erwähnte schlechte Sicht keine zuverlässigen Prognosen zu. Nach etwa 50 Metern und einigen Kletterpassagen sahen wir allerdings ein, dass dies unmöglich der Weg sein konnte, zu steil fielen die Bergwände runter ins Tal. Wir drehten also um und fanden einen anderen möglichen Pfad genau gegenüber dem Weg, den wir etwa 20 Minuten zuvor hinaufgestiegen waren. Dies musste wohl – so dachten wir – der richtige Weg sein, von dem aus es lediglich einen kleinen Abstecher zum Gipfel gab. Wir folgten dem Pfad erleichtert, bis wir wieder nach etwa 50 Metern feststellen mussten, dass es sich um einen trockenen Felsspalt handelte, in dem nach dem Winter die Wasserfluten des tauenden Schnees runterkommen. Entsprechend steil und kletterintensiv wurde die Passage mit dem weiteren Abstieg. Allerdings sahen wir zumindest die Möglichkeit, auf diesem Weg etwas tiefer ins Tal zu gelangen. Wir mussten uns in jedem Fall links halten, so viel wusste ich noch vom Kartenstudium am Morgen.

Der Weg nach unten war ungemütlich und wir entschieden uns, die Schlucht zu verlassen und uns noch ein Stück weiter nach links zu orientieren. Dafür mussten wir aber dem verschneiten, etwa 60 Grad steilen Hang des Berges folgen, was sich als nervenaufreibende Aufgabe erweisen sollte. Wären wir dort abgerutscht, wäre es sicher 200 Meter in die Tiefe gegangen. Der Weg war rutschig, vor allem die Steine und das Geröll am Hang waren vereist, was die Überquerung nicht gerade vereinfachte. Wir benötigten für etwa 200 Meter eine geschätzte halbe Stunde, zuzüglich einer fünfminütigen Erholungspause zwischendurch.

Nach den 200 Metern zeigte sich ein weiterer Felsspalt, ähnlich dem vorherigen, an dem wir deutlich bequemer den weiteren Abstieg angehen konnten. Dafür mussten nur noch wenige Meter Abhang gemeistert werden, die es allerdings wirklich in sich hatten und auf denen ein Sturz ohne Zweifel schmerzhafte Folgen gehabt hätte. Wir entschieden uns deshalb, unsere Rucksäcke abzuschnallen und sie den Abhang ohne uns hinunterzuschicken. Mit 20 Kilogramm weniger auf dem Buckel kamen schließlich auch wir unten in der Felsschlucht an und konnten dort deutlich entspannter weiter ins Tal marschieren.

Der Rest ist schnell erzählt: Es öffnete sich für einige Sekunden die Wolkendecke und nicht allzu weit entfernt zeigte sich für einen kurzen Augenblick die Seilbahnstation, die wir gesucht hatten. Wir gingen also in diese Richtung und fanden dort ein Schild mit der Beschriftung *Aguille Grive: 30 min.* – Aufstieg wohlgemerkt! Wir hatten für dieselbe Prozedur etwa zwei Stunden gebraucht und einmal mehr die unberechenbaren Gefahren durchlebt, die sich einem in den Alpen in den Weg stellen können. Wie dem auch sei, wir hatten sie gemeistert und gingen nun weitere 45 Minuten durch den Schnee Richtung Refuge, die an diesem Abend das Beste war, was uns hatte passieren können. Sie war zwar nicht leer, drinnen brannte aber bereits ein warmes Feuerchen im Ofen und zwei Franzosen saßen bei Kerzenschein, Wein und allerlei Essen. Die beiden waren selbst für einige Tage in die Berge gefahren und hatten reichlich Verpflegung mitgenommen, wurden dann aber unglücklich vom schlechten Wetter erwischt. Wir verbrachten einen äußerst gemütlichen Abend gemeinsam mit gutem Essen, Wein und netten Gesprächen, ehe wir hundemüde in unseren wohlverdienten Schlaf sanken.

Ein Abend in der Refuge du Mont Pourri

Exkurs: Refuges – Die Berghütten der französischen Alpen

Ich erlaube mir einen kurzen Exkurs zu den Refuges in den Bergen: In den französischen Alpen ist es so, dass die Refuges ganzjährig geöffnet sind, allerdings nur bis Ende September mit einem Gardien (also einem Hüttenwart) bestückt sind. Während ich mir diese Hütten im Sommer eher ungemütlich vorstelle – ziemlich voll, lautes Schnarchen in den Schlafsälen – waren sie gerade zu unserer Wanderzeit ein echter Traum. Im Winter ist man dort nicht selten allein. Man findet ausreichend Feuerholz und Matratzen für den gemütlichen Schlaf, und falls man doch einmal nicht für sich ist, sind die anderen Besucher in der Regel nette Leute, die nach ähnlichen Dingen wie man selbst suchen, wenn sie zur kalten und teils harten Jahreszeit über die Alpen laufen.

Spülen am Morgen im Schnee, ein einfaches Leben.

In der Regel findet man zwar in den Refuges kein fließendes Wasser mehr, aber draußen gibt es in der Nähe immer eine Wasserquelle, an der man Trinkwasser holen, sich waschen und Geschirr spülen kann. So war es auch bei der

Refuge du Mont Pourri, die wir allerdings am nächsten Morgen nach einem ausgiebigen Frühstück mit unserer Bekanntschaft, Richtung Tignes verließen.

Hässliches Tignes

Der folgende Tag sollte deutlich stressfreier werden als der vorangegangene. Das Wetter war wieder einigermaßen passabel, der Schnee war etwas abgetaut und der Weg bot keinerlei besondere Anstrengung. Erwähnenswert wäre vielleicht, dass wir beim Durchqueren des Nationalparks unzählbar viele Murmeltiere gesehen haben, die in den Alpen leben und zu dieser Zeit kurz vor ihrem wohlverdienten Winterschlaf stehen. Ein ziemlich dickes und neugieriges Exemplar konnten wir auch aus nächster Nähe fotografieren.

Ein neugieriges Murmeltier

Ansonsten trabten wir so vor uns hin und erreichten leider die nächsten Skistationen – von denen es zwischen Bourg St. Maurice und Tignes nur so wimmelte. Die Aussicht auf Tignes war schon fast eine Art Schock: ein riesiges, künstlich angelegtes Skidorf mit teuren Hotels und dekadenter Aufmachung.

Tignes: Betonburgen und Tennisplätze in den Bergen

Dreiviertel des Jahres ist Tignes mehr oder weniger tot und für einige wenige Monate werden dann diejenigen Leute belustigt, die sich die elitären Preise dort leisten können. Schön war, dass uns kurz nachdem wir im Ort angekommen waren Gwendal, unser nächster Couchhost und Ranger des Parc National de la Vanoise, gemeinsam mit seinem Freund Florent abholte und in das etwas außerhalb gelegene Rangerhaus brachte. Dort pausierten wir wieder eineinhalb Tage. Judith hatte sich nämlich eine kleine Erkältung zugezogen, die auskuriert werden musste. Obendrein wollten wir die Gelegenheit nutzen, den Nationalpark mit einem Ranger zu erkunden.

Wir verbrachten eine gemütliche Zeit mit Gwendal und seinem Freund. Abends gab es ein hausgemachtes Käsefondue und einmal mehr nette Gespräche mit netten Menschen. Dann wurde es aber langsam wieder Zeit aufzubrechen und Richtung Süden weiter zu marschieren.

Von Tignes nach Modane. Wandern bei jedem Wetter

von Judith

Es ging weiter, die fünfte Etappe unserer Alpenüberquerung begann.

Nach schönen Tagen in Tignes starteten wir also in unsere vierte Reisewoche in Richtung Modane (Region Rhône-Alpes). Bei strahlendem Sonnenschein marschierten wir am ersten Wandertag zu Beginn der Route durch zwei Nebenorte von Tignes, ebenfalls menschenleere Ski-Resorts, wo der Kaffee in der Hochsaison acht Euro kostet, eine heiße Schokolade sechs Euro und eine Flasche Wein 300 Euro – wir machen hier keine Witze, so stand es auf den Speisekarten diverser Restaurants. Na dann, schönen Urlaub!

Wir ließen schnell die hässliche Region hinter uns und waren bald in herrlicher, klarer Bergluft und viel Schnee unterwegs.

Berge, Schnee, blauer Himmel und klare Luft

Wir liefen bis in die Abendstunden durch fantastische Landschaften. Klare, kalte Luft, blauer Himmel soweit das Auge reichte, keine Menschenseele weit und breit. Stille, nur das leise Knirschen des Schnees unter unseren Schuhen und dazu Ausblicke auf schneebedeckte Gipfel. Die Hütte Refuge de la Leisse erreichten wir bei Sonnenuntergang, der Felsen und Berge in ein glühend orange-rotes Licht tauchte. Kurz zuvor hatten wir übrigens unseren neuen Höhenrekord von 2.758 Metern am Col de la Leisse erreicht.

Schnell zog nach dem Abendrot der dunkelblaue, sternenklare Nachthimmel über uns auf. Dies war einer der Momente, in dem ich wusste, was mich immer wieder in die Berge zieht und wieso ich diese Strapazen doch immer wieder auf mich nehme. Genauso wie mich das Gefühl nicht loslässt, das man empfindet, wenn man beim Aufstieg kurz vor der Bergspitze ist und dann den höchsten Punkt, das Ende aller Anstrengungen, direkt vor sich sieht.

In der nächsten Hütte erwarteten uns an diesem Abend bereits zwei andere Wanderer und der kleine Holzofen bollerte schon eifrig vor sich hin. Einer der beiden Bergwanderer, ein Franzose, befand sich überraschenderweise wie wir auf einer Fernwanderung nach Nizza. Allerdings blieben ihm nur knapp drei Wochen für die ganze Tour, er hatte wenig Gepäck dabei und schlief stets in Hütten oder Herbergen am Weg. Wir redeten nicht viel, denn üblicherweise sind die Wanderbeine schwer nach einem solchen Tag und man ist hungrig und müde zugleich, sodass nicht immer viel Laune und Zeit da ist, einen intensiven Austausch mit anderen Weggefährten zu suchen.

Kälte trotz Morgensonne

Das gute Wetter, das uns bis zu diesem Zeitpunkt begleitet hatte, hielt leider nicht lange. Der nächste Tag war noch schön, die Sonne schien, doch der Morgen war saukalt, circa fünf Grad Celsius.

Wir liefen trotz der Kälte ins Örtchen Pralognan-la-Vanoise bauten unser Zelt auf dem Kinderspielplatz in der Ortsmitte auf und, na klar, erprobten selbstverständlich unser Können an dem dortigen großen Klettergerüst.

Man beachte das Klettergerüst hinter Judith

Pralognan lag eigentlich nicht auf unserer Route nach Süden, sondern gute 15 Kilometer in nord-westlicher Richtung, aber wir hatten dort eine geführte Bergtour über ein Bergmassiv geplant. Leider kam diese Tour – natürlich mal wieder wegen des schlechten Wetters – nicht zustande.

Zum Verständnis: Wir versuchten stets bei der Planung unserer Etappen Nationalparks, außergewöhnliche Wege oder Aufstiege und besondere Sehenswürdigkeiten mit einzuplanen. So kam es, dass wir nie einer festgelegten Route folgten, sondern uns mitunter erst am Morgen entschieden, wohin uns die Füße bis zum Abend tragen sollten. Das wir auf der gesamten Wanderung nie den kürzesten Weg zu unserem großen Endziel, dem Mittelmeer, einschlugen, war gewollt und die daraus resultierende Spontaneität der Routenwahl hat uns, rückblickend, wohl die schönsten und abenteuerreichsten Wandertage beschert.

Der Col d'Aussois

Wie ging es weiter? Das gute Wetter war nun endgültig wieder vorbei, die Sonne war verschwunden. Von Pralognan ging es in eisiger morgendlicher

Kälte – an die man sich einfach nie gewöhnt – und mit starker Bewölkung, die sich in kürzester Zeit in dichten Nebel verwandelt hatte, auf den bisher höchsten Berg: den Col d'Aussois, ganze 2.916 Meter hoch. Starke Graupelschauer machten den Aufstieg für uns rutschig, ziemlich ungemütlich und anstrengend.

Einzige Aussicht: das Schild

Oben angekommen konnten wir die Aussicht nicht genießen, da wir keine zehn Meter weit sehen konnten. Mich bedrückte das noch, als wir schon zum Abstieg aufgebrochen waren. Die Aussicht, die sich einem eröffnet, je höher man einen Berg hinaufsteigt, ist schließlich die Belohnung für die Anstrengungen, einen Gipfel zu erklimmen. Ohne diesen atemberaubenden Panoramablick ganz oben auf der Spitze des Berges, fühlte ich mich um meinen Lohn gebracht.

Zum Ausgleich für die fehlende Aussicht auf dem Berg erreichten wir abends wieder eine kleine Hütte (Refuge du Fond d'Aussois) im Nationalpark Vanoise, die unsere Übernachtungsstätte wurde. Diesmal hatten wir sie auch ganz für uns alleine. Also legten wir die Rucksäcke ab, feuerten den Ofen an, stellten das Essen auf den Kocher, machten uns eine heiße Zitrone und legten die Beine hoch.

Holz machen vor der Hütte

Am nächsten Morgen bescherte uns der erste Blick aus dem Fenster eine unerwartet weite Aussicht und die Gewissheit, für die anstehende Etappe mal wieder schönes Wetter zu haben. Das war ein Hin und Her in den Alpen, mannomann!

Strahlende Sonne nach miesem Wetter am Vortag

Getrennte Wege

An diesem Tag trennten sich nach circa einer Stunde gemeinsamen Wanderns zum ersten Mal unsere Wege. Pascal fühlte sich fit und hatte Lust auf einen 3.000er zu klettern, so gingen wir am Fuße des Berges auseinander. Von dort führte ihn ein kleiner Pfad auf kurzem Wege auf den Gipfel, wo er sogar ein paar Steinböcke sah. Ich dagegen hatte von gestern noch die Schnauze voll und nahm einen Bergpfad, der – fast ausschließlich gerade – immer am Hang entlang südwärts lief. Auf diesem Weg konnte ich über mehrere Stunden einen atemberaubenden Ausblick in die unteren Täler, auf die gegenüberliegenden Bergmassive sowie weit Richtung Osten und in den Norden genießen. Die Sonne knallte, ich hatte Schokokekse dabei – was wollte Frau sonst noch an diesem Tage?

Pascals Aussichten

Unsere Wege führten am Ende der Tagesetappe wieder zusammen und wir erreichten zu später Stunde das kleine Städtchen Modane, wo wir Vorräte einkauften. Wir bekamen uns auch erstmals auf dieser Reise – wieso auch immer – in die Haare und gingen trotzig zum Schlafen auf den Campingplatz, da wir von den kontaktierten Couchsurfern in dieser Stadt keine Antwort erhalten hatten. Leider war der Campingplatz jedoch geschlossen, was uns nicht daran hinderte, trotzdem eine kleine Ecke dort zu finden und unser Zelt für eine Nacht aufzuschlagen. Dies bedeutete allerdings, dass wir in Modane keinen längeren Stopp einlegen konnten, um uns zu erholen und Vorbereitungen für die nächste große Etappe zu treffen. Somit hieß es gleich am nächsten Morgen: Aufbruch zur sechsten Etappe, es geht nach Briançon.

Gipfel in den französischen Alpen, ein herrlicher Anblick.

Gruselige Nächte und Bella Italia: von Modane nach Briançon

von Judith

Auch auf dieser Etappe spielte das Wetter wieder eine entscheidende Rolle. Unser Nomadenleben war sehr durch das Wetter bestimmt, es hatte Einfluss auf alles und auf jede Unternehmung. Es bestimmte, ob ein Tag gut oder schlecht wurde. Denn wenn wir abends durchnässt im feuchten Schlafsack lagen, uns kalt war und wir unser Dasein in diesem Moment verfluchten, dann war es ein schlechter Tag. Aber wenn wir am Morgen von der Sonne geweckt wurden und unser Zelt TROCKEN einpacken konnten, in der Mittagspause barfuß in der Sonne lagen und uns in aller Ruhe und Wärme ein Brot schmieren konnten, dann war das ein guter Tag.

Schlechtes Wetter draußen, Quatsch machen im Zelt.

Stürmische Nacht

Wir starteten also von Modane bei bestem Wetter, trotz morgendlicher Kälte. Unser Ziel der nächsten Tage war Bardonnecchia in – richtig – Italien. Wir wollten einen kleinen Ausflug ins Nachbarland wagen und dies hatte nur einen Grund: PIZZA ESSEN!!! Pascal hatte sich das in den Kopf gesetzt und mich dafür begeistert. Und so planten wir unsere Route über Italien.

Vor unserem Aufbruch nach Bardonnecchia verbrachten wir aber noch eine Nacht in den Bergen nahe der italienischen Grenze und erlebten unsere erste heftige Regen- und Sturmfront. Leider können wir nicht näher beschreiben, wo genau wir unser Zelt aufgestellt hatten, denn es war kein Ort in der Nähe und es war bereits dunkel, als wir einen Platz für das Zelt fanden. Unsere Karte sagte uns jedoch, dass wir nur wenige 100 Meter von der italienischen Grenze, einem Bergpass, entfernt waren. Das Zelt flatterte die ganze Zeit im Sturm wie verrückt, sodass wir kaum ein Auge zu taten. Am darauffolgenden Morgen nieselte und windete es weiterhin, während die Sicht absolut gegen Null ging. Keine fünf Meter weit konnte man schauen. Einige Stunden warteten wir noch im Zelt und beschäftigten uns irgendwie, bevor wir uns wieder auf den Weg machten.

Die Ungeduld wuchs und so packten wir, trotz ungemütlichster Wetterlage, schnell unser Zelt ein und kämpften uns den „Grenzberg" hinauf. Wir passierten gänzlich unspektakulär die italienische Grenze und stiegen dann bei abnehmendem Wind und langsam sich aufklärendem Himmel hinunter ins beschauliche Bardonecchia.

Der erste Morgen in Italien

Die Beschilderung entlang des Weges war bis zur Grenze seitens der Franzosen sehr schlecht, aber das änderte sich schlagartig, sobald wir über den Pass und auf der italienischen Seite waren. Hier begegneten uns auch trotz des schlechten Wetters erste italienische Wanderer. Der Weg führte uns immer weiter bergab und bereits nach wenigen Stunden sahen wir das Städtchen vor uns liegen. In dieser schönen Gemeinde hatte trotz Sonntag alles geöffnet und wir verputzten in einer kleinen feinen Pizzeria eine sehr leckere Vier-Käse-Pizza. Die Nacht verbrachten wir dann auf einer wilden Wiese vor dem teuersten Hotel der Stadt (Hotel Des Geneys Splendid).

Für den nächsten Tag war Regen vorhergesagt worden, aber dieser ließ am Morgen noch auf sich warten. Es ging nun wieder bergauf – Bardonecchia lag ja im Tal –, das hieß über einen Pass westlich der Stadt und zurück nach Frankreich. Es war ein schöner Weg, auf dem wir unsere Pause in dem kleinen Örtchen Granon machten, wo nur wenige Häuser standen und das man lediglich zu Fuß erreichen konnte.

Ein Mann schenkte uns warmes Brot, denn wir hatten nichts mehr zu Essen. Eigentlich hatten wir geplant, in Granon unsere Vorräte aufzufüllen, jedoch entpuppte sich der Ort als viel kleiner als angenommen und es gab dort keinen Lebensmittelladen. Diese Problematik ereilte uns sehr selten auf unserer Reise, doch passierte es immer mal wieder, dass wir Ortschaften größenmäßig und somit das dortige Angebot falsch einschätzten, da sie auf unserer Karte oft viel größer zu sein schienen.

Nun denn, bereits in Granon fing es am frühen Nachmittag an zu nieseln. Und es wollte nicht mehr aufhören. Tapfer marschierten wir gesenkten Hauptes durch den ewig strömenden Regen. Ich weiß wirklich nicht, wie lange wir so gelaufen sind, aber wir waren bis auf die Unterhose nass und es gab keine Möglichkeit zum Unterstellen.

Um uns erstreckte sich kilometerweit die schönste Landschaft, jedoch kein einziges trockenes Plätzchen. Sodann, man glaubt es kaum, erreichten wir doch nach einem anstrengenden, gefühlten Vier-Stunden-Aufstieg einen trockenen Steinbunker. Wir erfuhren später, dass er Teil einer etwas höher den Hang gelegenen Festung namens Fort de l'Olive war, ein beliebter Ausflugsort für Besucher unseres nahe gelegenen Etappenziels Briançon.

Die Außenansicht unseres Nachtlagers

Nach einem kurzen Blickwechsel mit Pascal war klar: Da gehen wir rein und wagen an diesem Tag keinen Schritt mehr vor die „Türe". Und so fanden wir uns kurze Zeit später, all unserer nassen Klamotten entledigt – diese hingen bereits tropfend auf einer improvisierten Wäscheleine – in einer zwar kalten, aber trockenen Steinhöhle wieder. Ich muss zugeben: Ja, wir haben uns gegruselt, als es Nacht wurde. Und wie sollte es anders sein, am folgenden Morgen schien die Sonne, als wäre nichts gewesen.

Nachtlager Innenansicht

Der Rest der nassen Wäsche trocknete nun spätestens durch die ersten Sonnenstrahlen und wir starteten freudig in einen heiteren Wandertag, an dem es sogar richtig warm wurde. Der nun bevorstehende Streckenabschnitt sollte uns bis nach Briançon bringen, der, laut Wikipedia, sonnigsten Stadt Frankreichs und am zweithöchst gelegenen Stadt Europas.

Kurz vor Briançon

Marie-Do in Briançon

So kamen wir am späten Nachmittag in dieser wunderschönen Stadt an, schlenderten durch die verwinkelten Gässchen und tranken ein Bierchen auf die Ankunft. Zu später Stunde trafen wir schließlich bei unserer Couchsurferin Marie-Do ein, die sich in den folgenden Tagen als echter Glückstreffer entpuppen sollte! Sie war 54 Jahre alt und wohnte zusammen mit ihrem Sohn Cedric, 16 Jahre alt, in einem schönen, großen, alten Haus, das urgemütlich war. Marie-Do war ein wahrhaft fröhlicher, offener und interessierter Mensch mit einem riesigen Herz.

Im Städtchen Briançon

Wir hatten ein eigenes Zimmer bei ihr und durften speisen und leben wie zu Hause. Unser erster Tag in Briançon ähnelte den anderen ersten Tagen, die wir bei Couchsurfern verbracht hatten: Ausschlafen, Wäsche waschen, duschen, im Internet surfen, am Blog schreiben, entspannen und es sich gut gehen lassen. Abends kochten wir leckere vegetarische Burger für alle ... mhm ...! So vergingen die Tage in Briançon bei Marie-Do wie im Fluge. Wir schauten uns die Altstadt an, probierten Köstlichkeiten der örtlichen Patisserie – man nenne hier nur die Mandel-Marzipan-Croissants, gefüllte Obstteigtaschen, Köstliches aus Schokolade etc. – tranken Wein und Martini und redeten mit Marie-Do über Gott und die Welt.

Briançon ist eine Kleinstadt in der Region Provence-Alpes-Côte d'Azur, mit wunderschöner Altstadt, kleinen Gassen, netten Cafés und Restaurants und toller französischer Patisserie-Kunst. Ist man einmal im Südosten Frankreichs, dann lohnt sich ein Abstecher an diesen noch sehr ursprünglichen Ort.

Das Haus von Marie-Do

Ich kam auch endlich mal wieder selbst zum Backen und wir planten mit einem Freund von Marie-Do in den nächsten Tagen eine Schneetour durch den nahen Nationalpark Des Écrins. Die Idee war, bei gutem Wetter, sprich: kein Schneefall, gemäßigter Wind, eine zwei Tage andauernde Besteigung eines Gipfels in Angriff zu nehmen.

Wenn alle guten Dinge zusammen kommen und auch die nötige Ausrüstung da ist, dann sind Touren wie diese eine tolle Erfahrung und Herausforderung in den Bergen. Mal ganz davon abgesehen, dass sie Bergfreunden wie uns natürlich viel Spaß machen. Wie es der Zufall so wollte, fielen auch diesmal unsere Pläne wieder ins Wasser, denn es schneite zu dieser Zeit in den Bergen und dann ist grundsätzlich keine Tour möglich. So machten wir uns also am frühen Mittag des 9. Oktobers, nach einem letzten gemeinsamen Käffchen mit Marie-Do, auf in Richtung unseres siebten großen Etappenziels: Embrun.

Hundebekanntschaften und Martini auf dem Gipfel: von Briançon nach Embrun

von Judith

Eigentlich hätte ich hier gerne von einer supertollen Tour berichtet, aber diese fiel ja leider ins Wasser, oder sagen wir, in den Schnee. Und da das so enorm viel Schnee war, der da oben liegen blieb, konnten wir gar nicht in die Berge. Also begnügten wir uns mit dem Gedanken, früher in Nizza anzukommen und erfreuten uns an einer immer herbstlicher werdenden Landschaft in der Ebene. Es war zwar noch nicht so kalt wie in unserer Heimat, der Eifel, trotzdem färbten sich die Blätter bunt und die Wälder zeigten sich in den schönsten spätsommerlichen Farben. Für die Augen ein wahrer Genuss!

Schatten im Gesicht, Sonne auf den Bergen

Manche Teile der Alpen sind übrigens gespickt mit einfachen kleinen Ein- bis Zwei-Zimmer-Chalets (private Ferienhäuser, oft sehr einfach aus Holz gezimmert), die meist von Städtern im Sommer oder zur Jagdzeit über das

Wochenende bewohnt werden. Ab dem Spätherbst wird jedoch alles niet-und nagelfest für den Winter gemacht und die Hütten für viele Monate sich selbst überlassen.

Für die Übernachtung rasteten wir am ersten Abend unserer Abreise von Briançon an solch einem kleinen geschlossenen Chalet. Als wir es uns auf der Terrasse vor der Türe gerade bequem gemacht hatten und unseren Kochkram auspackten, kamen unerwartet die Besitzer von einem Spaziergang zurück. Zuerst waren sie uns gegenüber skeptisch, wir überzeugten sie allerdings schnell, wie nett wir doch sind. So luden sie uns zum gemeinsamen Essen in dieses urgemütliche kleine Hüttchen ein.

Der Ofen brannte, elektrisches Licht gab es keines, nur Kerzen sorgten für die Beleuchtung, aber das verlieh dem Ganzen umso mehr Charme. Wir steuerten zum Essen eine bunte Gemüsepfanne bei und kurze Zeit später saßen wir schmatzend und quatschend mit Abdhu, seiner Tochter Mia und seiner Freundin gemeinsam am Tisch. Abdhu war zudem Bergführer. Er war schon in den Gebirgen der ganzen Welt unterwegs gewesen und bot uns an, dass wir ihn anrufen könnten, falls wir bei unserem nächsten Etappenziel – der Stadt Embrun – keine Unterkunft finden sollten, er kenne dort eine Menge Leute. Die Franzosen, dachte ich mir ein ums andere Mal, sind doch mitunter ein gastfreundliches und hilfsbereites Volk. Vielleicht lag das aber auch daran, dass uns die Menschen in den Bergen sympathisch fanden, weil wir die gleiche Leidenschaft für das Gebirge und das Draußensein teilten.

Wir schliefen später ohne Zelt auf der Holzterrasse des Chalets. Es war eine wirklich schöne sternenklare Nacht und wir schauten ganz lange in den Himmel – oh, wie romantisch.

Der Nationalpark Des Écrins

Der folgende Tag war wieder herrlich herbstlich, wir erreichten den Nationalpark Des Écrins. Zu dieser Zeit war gerade Weinernte im Süden Frankreichs. In den kleinen Dörfern hingen die Weintrauben dick und reif über Zäunen und an Hauswänden. So schlug ich mir in der Mittagspause den Bauch mit wilden dunklen Trauben voll.

Mittagspause im Nationalpark

Am Abend zelteten wir in einem abgelegenen Tal, nahe dem Tal Vallon du Fournel, wo zwar eine Schotterpiste hinführte, wir aber die Häuser verlassen vorfanden. Lediglich ein Schäfer auf der Suche nach zwei verlorenen Schafen kreuzte unseren Weg und hielt ein Schwätzchen mit uns. Doch dann, als wir gerade unser Nachtlager aufgeschlagen hatten, kam ein kleiner, nasser und winselnder Hundewelpe auf unser Zelt zugelaufen. Er war ganz aufgeregt und suchte ununterbrochen nach irgendetwas im Gras. Während Pascal Wasser holte, fütterte ich ihn mit meiner Ration Müsliriegel und deckte ihn mit meiner Jacke zu. Ach herrje, der war so putzig, ich hielt es kaum aus. Als es bereits dunkel geworden war, erhellten auf einmal Scheinwerfer die nächtliche Straße. Wir hofften, es wären die Besitzer des kleinen Welpen. Und tatsächlich! Ein Mann stieg aus dem Auto und nahm mir unglaublich erleichtert den Hund aus dem Arm. Er erzählte uns, er habe über fünf Stunden in dieser Gegend und den angrenzenden Tälern nach dem Kleinen gesucht.

Sonniger Aufstieg

Wir bewegten uns auf der Großetappe von Briançon nach Embrun fast ausschließlich im Nationalpark Des Écrins. Ein toller Park, der viele Möglichkeiten bietet, diverse Gipfel zu besteigen und zumindest im Spätherbst kaum besucht ist. Die Landschaft erscheint noch sehr ursprünglich und wild.

Am nächsten Morgen konnten wir uns, hoch motiviert wie wir waren, nicht entscheiden: Ab ins Tal und die gemütliche Route nehmen oder eine Sieben- bis Acht-Stunden-Tour auf einem schmalen Pfad hoch auf den Pas de la Cavale, mit dem Wissen, dass vielleicht viel, viel Schnee dort liegen könnte. Nach kurzer Bedenkzeit ging es ab in die Berge! Der Aufstieg begann auch ziemlich harmlos. Zur Mittagszeit sonnten wir uns noch und spielten mit einem riesigen Hund, der dort nahe einer kleinen Hütte umhertollte.

Kleiner Hunde-Exkurs

Wirklich, Hunde hatten es uns angetan. Auch wenn wir es hier in den Berichten weniger erwähnen, so hatte ich doch das Gefühl, dass wir zwei Wanderer die Hunde anzogen wie der Honig die Fliegen. Ob Hütehunde der Schafsherden, Wachhunde an Hütten, Häusern und Höfen. Aber auch unglaublich viele von den kleinen Vierbeinern, die mal aggressiv kläffend, mal bedröppelt dreinschauend, mal ängstlich starrend unseren Weg kreuzten. Und es gab solche, die freuten sich so sehr, uns zu sehen, die warfen uns samt unserer Rucksäcke geradezu um, wenn sie an uns hochsprangen.

Doch zurück zu unserer Bergetappe: Wir stiegen also immer höher auf zum Aiguille de Cédéra, das Wetter wurde allerdings währenddessen immer schlechter. Schließlich erreichten wir die Schneegrenze. Der Weg führte uns von dort noch weiter nach oben und so befanden wir uns schnell im tiefsten Schnee und das Wandern gestaltete sich als reines Vorwärtskämpfen und mühsames Suchen der Wegmarkierungen, da es auch ununterbrochen in dicken Flocken schneite. Die Überlegung umzukehren, verwarfen wir ziemlich schnell wieder, zu mühsam war der Aufstieg bis hier hin schon gewesen. Irgendwie hatten wir in solchen Momenten auch immer dieses Vertrauen: Ach, das wird schon! Obwohl wir dringend eine längere Pause gebraucht hätten machten wir nur eine kleine Rast in einem verlassenen Schafsstall, in dem wir kurz die Karte studierten, uns zwei Scheiben Brot gönnten und dann weiterzogen, das schlechte Wetter im Nacken.

Kurzes Studium der Karte

Obwohl die Wegmarkierungen fast gänzlich verschwunden waren, konnten wir uns – auch wenn es knifflig war – anhand der Steintürmchen orientieren, die eifrige Wanderer am Wegesrand gestapelt hatten. Der Wind pfiff uns währenddessen wie verrückt um die Ohren und Pascal und ich konnten uns schon längst nicht mehr unterhalten, wir mussten uns geradezu anschreien, um uns zu verstehen. Durch das langsame Vorwärtskommen verfehlten wir dann auch noch fast den Gipfel um einige Meter, aber Pascal warf glücklicherweise einen Blick nach links und wir erreichten kurze Zeit später das Gipfelschild.

Oben auf dem Kamm wehte der Wind nun so stark, wie ich es noch nie erlebt hatte. Schnee und Eis peitschte uns ins Gesicht und ich konnte meine Augen kaum offen halten. Ich musste mich, zu Boden schauend, irgendwie gegen dieses wahnsinnige Unwetter schützen. Pascal konnte ich nur durch das Geräusch seines Regenschutzes erahnen, weil dieser sich gelöst hatte und wie verrückt im Wind flatterte. Plötzlich löste sich das blöde Ding endgültig von seinem Rucksack, und Pascal musste ihm im Tiefschnee hinterher springen. Er bekam ihn zu fassen und als wir weitergehen wollten, weil es dort oben nicht auszuhalten war, stellten wir fest: Es gab keinen Wegweiser nach unten zur anderen Seite des Berges, wo unser Tagesziel, die Refuge du Pré de La Chaumette im Tal liegen musste. Das heißt, es gab lediglich einen Pfeil in die Richtung, aus der wir gekommen waren. Nur ein kleines Holztor ragte da irgendwo aus dem Schnee, dagegen konnten wir auf der anderen Seite des Gipfels gar nichts erkennen. Uns blieb also nichts anderes übrig, als einfach drauflos zu marschieren. Und um es kurz zu fassen: Mehr rutschend als gehend verließen wir im Tiefschnee den Gipfel, ständig fielen wir hin. Nach einiger Zeit war dann der Weg wieder zu erkennen.

Ein bis zwei Stunden später erreichten wir die Schneegrenze und es ließ sich auf dem Weg wieder gut gehen. Allerdings war es bereits stockdunkel geworden, unsere Schuhe waren total durchnässt und Wegmarkierungen gab es immer noch keine! Da es aber nur einen einzigen gut ausgetretenen Pfad zu geben schien, marschierten wir auf diesem eilig hangabwärts, in der Hoffnung, bald einen Hinweis auf die Hütte zu finden. Irgendwann sahen wir dann ein Schild, das uns zur Refuge leitete. Dort angekommen kochten wir noch ein schnelles Abendessen und fielen dann todmüde ins Bett.

Ein Tag wie dieser zeigte uns wieder einmal, dass die Launen der Natur immer unbezwingbar bleiben, so sehr wir auch glauben, sie beherrschen zu können. Es gibt bei Weitem höhere Berge und schlimmere Unwetter als auf unserer bisherigen Tour, doch ein Tag wie heute lehrte uns ein ums andere Mal, wie klein und bedeutungslos wir doch sein können, wenn wir diesen Urgewalten gegenüberstehen. Wer dies nicht erkennt, respektiert und akzeptiert, muss im schlimmsten Fall mit seinem Leben dafür bezahlen – siehe Extrembergsteigen am Mount Everest etc.

Ein Schlaraffenland auf Rädern

Der folgende Tag gestaltete sich für uns entspannter. Es ging nur bergab bei herbstlichem Sonnenschein. Wir folgten dem Flussbett des Le Drac Richtung Südwesten und erreichten nach etwa 20 Marschkilometern unser Tagesziel. Kurz vorher machten wir noch eine kleine Pause in einer Häusersiedlung, um unser gut gehütetes letztes Stück Schokolade zu verzehren. Wir waren hungrig und müde, hatten aber keine weiteren Vorräte mehr und mussten noch ein paar

Kilometer bis zu dem 700-Seelen-Dörfchen Orcières zurücklegen, wo es ein kleines Lädchen geben sollte. Wir knabberten also noch am letzten Stück Schokolade, als ein kleiner Transporter an uns vorbei fuhr, einige Meter entfernt anhielt und sich als fahrender Tante-Emma-Laden entpuppte.

Tante-Emma-Laden auf Rädern

Auf den Außenflächen des Transporters war ein großes Bild von einem dicken Mann mit Schnauzer aufgemalt. Als sich dann die Läden des Wagens öffneten, trat genau dieser unglaublich dicke Mann mit diesem Schnauzer im Gesicht aus dem Wagen. Wir konnten unser Glück kaum fassen! Schnell düsten wir los, kauften Bananen und Schokolade – die bereits über zwei Jahre abgelaufen war – und mümmelten drauflos. Abends im Ort tankten wir unseren Benzinkocher an einer Tankstelle auf, kauften Kochkram und eine Flasche Martini – wir waren bei der Couchsurferin Marie-Do auf den Geschmack gekommen!

Am nächsten Tag stand uns noch mal ein kleiner Aufstieg bevor. Vorher gab es zum Frühstück aber die absolute Schoko-Zucker-Bombe. Nachdem wir eine große Tüte voller Schokocroissants verputzt hatten, war unser Süßhunger noch immer nicht gestillt und wir kauften uns noch einen ganzen Brownie-Kuchen, den wir auch noch zur Hälfte aufaßen. Wahrscheinlich lag es an den

Anstrengungen der letzten Tage, dass wir so einen Heißhunger hatten und unseren Zuckerbedarf bereits am frühen Morgen auf diese Art decken mussten.

Brownie-Frühstück

Hoch auf dem Col des Tourettes

Die heutige Route führte uns durch die schnuckeligen kleinen Orte Prapic und Les Charançons mit uralten Backsteinhäusern, immer am Fluss entlang, über Wiesen und durch herbstliche Wälder. Nach der Mittagspause wanderten wir hoch zum Col des Tourettes und hatten auf ungefähr 2.586 Metern eine fantastische Aussicht, ganz weit, über viele Bergkämme und in alle Himmelsrichtungen.

Aussicht vom Col des Tourettes

Sollte dies unser letzter Ausblick über die Alpen gewesen sein? Wir waren jetzt fast in Nizza. Naja, einige Kilometer und Höhenmeter fehlten natürlich noch, aber dieser Teil der Alpen war deutlich flacher, es gab kaum noch Gipfel über 3.000 Meter. Die Ausläufe der Alpen waren bereits spürbar.

Wir tranken die letzten Schlucke der Martiniflasche aus und stiegen gemächlich ins Tal hinab, wo wir ohne Zelt, unter klarem Sternenhimmel nächtigten. Der Morgen danach gestaltete sich wie ein Sommerspaziergang, denn es ging weiterhin bergab, die Temperatur war angenehm mediterran und bis nach Embrun war es an diesem Tag nicht weit. So hatten wir also viel Zeit. In der Mittagspause, nur noch wenige Kilometer vor Embrun, spielten wir deshalb eine ausgedehnte Runde Golf mit unseren Wanderstöcken.

Wanderstock-Golf in der Mittagspause

Wenige Stunden später in Embrun war das Finden einer Unterkunft zunächst ein Problem, da uns kein Couchsurfer auf unsere Anfrage geantwortet hatte. Doch es bestand ja noch die Möglichkeit, Abdhu, unsere Bekanntschaft von vor einigen Tagen, anzurufen. Das machten wir dann auch und quartierten uns noch am selben Abend bei Natalie ein, einer guten Freundin von Abdhu.

Natalie lud uns ein, auch den nächsten Tag zu bleiben, und wir nahmen das Angebot gerne an. Denn zum einen verstanden wir uns gut mit ihr, erzählten uns viele Stunden gegenseitig Geschichten aus unserem Leben und tauschten uns aus, zum anderen sagte sie uns, sie freue sich, Gäste zu haben – es kam ja nun wirklich selten vor, in einem so kleinen Städtchen auf dem Lande Wanderer auf großer Reise zu Gast zu haben. So pausierten wir in ihrem Haus, kochten und ließen uns von ihr zeigen, wie man original französische Mousse au Chocolat macht. Abends schauten wir gemeinsam Indiana Jones. Nach einem wunderbaren Tag des Ausspannens brachen wir schließlich wieder auf – es war inzwischen der 17. Oktober 2010 – und wir hatten das vorletzte große Etappenziel vor uns: die 150 Kilometer entfernte Stadt Puget-Théniers.

Blick über das abendliche Embrun

Unsere abwechslungsreichste Etappe von Embrun nach Puget-Théniers

von Judith

Nachdem wir uns von Natalie in Embrun erst um die Mittagszeit verabschiedet hatten, liefen wir bis in den späten Abend hinein. Als es schon dunkel geworden war, hatten wir immer noch mehr als drei Stunden vor uns, bis wir den kleinen Ort Les Orres erreichen würden, wo wir nächtigen wollten. Das Gehen bei Dunkelheit gestaltete sich jedoch relativ einfach, denn mit unseren Kopflampen kamen wir sehr gut voran. Die einzige Unannehmlichkeit war die Kälte, nachdem die Sonne untergegangen war. Am nächsten Morgen hatten wir sogar Eis am Innenzelt, unsere erste Frostnacht. Beim Schlafen hatten wir davon nichts gemerkt. Gut waren sie, unsere Schlafsäcke!

Blick von der Hütte

Kalt blieb es dann auch den ganzen nächsten Tag, obwohl sich der Himmel bis in die Abendstunden wunderbar blau über uns wölbte. An diesem Tag wollten wir hoch auf den Col des Orres (2.676 Meter) steigen. Er befindet sich genau an der Grenze der Region Hautes-Alpes zur Region Alpes-de-haute-Provence.

In Letzterer würden wir unsere Wanderung gen Süden fortsetzen. Es sollte nicht sehr anstrengend werden, das entnahmen wir den verzeichneten Höhenmetern auf der Karte.

Zwar ging es stetig bergauf, jedoch nicht besonders steil. Dafür war die Etappe ausgesprochen lang, wir liefen an diesem Tag fast ununterbrochen bis in die Abendstunden, circa acht bis zehn Stunden. Beim Abstieg vom Berg, bis dato noch recht trocken, schneite es dann aber in dicken Flocken und es waren noch gute zweieinhalb Stunden bis zum Ziel des Tages, der Refuge de la Pare, die 13 Kilometer nördlich des Städtchens Barcelonnette mitten im Wald liegt. Die Hütte war bei unserer Ankunft geschlossen, jedoch noch bewohnt vom vollbärtigen Hüttenvater. Hm ...was sollten wir tun?

Die Hütte Refuge de la Pare

Unser Zeltplatz

Die Lösung brachte der freundliche Mann selbst, er dirigierte uns zu einer flachen Stelle für unser kleines Zelt, direkt an der Hütte. Wir fragten ihn nach warmen Getränken und kurze Zeit später saßen wir mit dampfenden Tassen heißen Glühweins in der großen Küche des Hauses und tauschten uns über die Berge und das Wandern aus. Als wir kochen wollten, stellte sich heraus, dass der nette Herr auch noch nicht gegessen hatte. So bereiteten wir gemeinsam das Essen zu, was uns noch eine ganze Stunde länger Aufenthalt in der warmen Küche bescherte, denn draußen wurde es richtig kalt, mehrere Grad unter Null. Nach dem gemeinsamen Mahl bekamen wir den Glühwein sogar geschenkt, schließlich hatten wir ja das Essen gesponsert. Wieder war dieser Abend mit einem netten Menschen, der unseren Weg doch nur zufällig kreuzte, eine wirklich schöne und bereichernde Erfahrung gewesen.

Wir alle nehmen in unserem Alltag Dinge, wie warmes Wasser aus einem Wasserhahn, einen Kühlschrank voller Lebensmittel oder das Heimkehren in eine warme Stube als selbstverständlich hin. Dass ein sättigendes Mahl oder eine wärmende Tasse Tee vor einem brennenden Kamin eine Dankbarkeit und langanhaltende Erinnerung hervorrufen können, passiert uns doch eher selten. Doch so erging es mir an diesem Abend.

Pausenspaß mit Astro

Am folgenden Morgen wurde es milder und der Schnee taute. Die Sonne strahlte vom wolkenlosen Himmel, doch kalt war es trotzdem. Nachdem wir unseren vom Hüttenwart geschenkten Kaffee ausgetrunken und eine Schale Müsli gegessen hatten, brachen wir in Richtung Tal und Barcelonnette auf. In einem Vorort von Barcelonnette machten wir Mittagspause und wärmten uns in der Sonne. Doch wer nun meint, wir hätten auf der faulen Haut gelegen, irrt sich gewaltig. Die ganze Pause über waren wir voll und ganz damit beschäftigt, uns um den Hund Astro aus der dortigen Nachbarschaft zu kümmern.

Immer in Action: der Hund Astro

Astro sprang uns urplötzlich aus einer Hofeinfahrt direkt vor die Füße. Von diesem Moment an, wollte er nur noch kleine Stöckchen finden und sie uns immer wieder, ohne Unterlass, vor die Füße werfen, um uns zum Spielen aufzufordern. Und wir ließen wirklich nichts unversucht, Astro dann auch „fertigzumachen". Ha, als ob das so einfach gewesen wäre! Es gelang uns natürlich nicht – obwohl er tollkühne Hochsprungakrobatik wagen musste und wir das Stöckchen bis in den weit entfernten Bach warfen. Als wir ihm statt Stöckchen ein Brot mit Mayo anboten, verschmähte er dieses doch tatsächlich und wählte den Stock. Nach unserer gut einstündigen Pause waren wir ihn immer noch nicht losgeworden und er folgte uns weit bis hinter das Ortsende. Dort konnten wir ihn dann endlich zurück scheuchen.

Der Col de Fours

Nach der Spielzeit mit Astro verliefen die restlichen Stunden des Tages recht unspektakulär. Wir erreichten zügig unser Tagesziel, das verlassene Ski-Resort Le Sauze. Unser Zelt stellten wir dort in einem kleinen Park auf. Der Ort lag direkt neben einem weiteren Skiresort namens Le Super-Sauze. Zum Abendessen gab es bei uns dann auch passend dazu: Nudeln mit super Tomaten-SAUCE!!!

Als ambitionierter Wintersportfan fragt man sich selten, was wohl außerhalb der Skisaison in den Orten los ist, die im Winter tausende von Menschen in die Berge locken. Um es kurz zu machen: nichts ist los! Gar nichts! Sie sind in den meisten Fällen noch nicht einmal bewohnt. Menschenleere Straßen, keine Autos, ruhende Liftanlagen und hin und wieder mal ein Handwerker, der ein Hotel für die kommende Saison auf Vordermann bringt. Und das schlimmste: Viele Ort sind hässlich und grau, da kommt wenig Freude auf, dort zu rasten und zu ruhen.

Am folgenden Tag erwartete uns ein gewohntes Bild: strahlender Sonnenschein, aber trotzdem kühl. Das Wandern begann allerdings im Gegensatz zum Wetter ganz und gar nicht hervorragend. Vom nächtlichen Lager aus mussten wir ganze drei Stunden eine hässliche, steile und anstrengende Skipiste zum Col de Fours hochlaufen.

Frisches und eiskaltes Bergwasser auf dem Col de Fours

Der Abstieg führte uns jedoch auf schönen Wegen schließlich in den Nationalpark Mercantour. Bis zur Refuge de la Cayolle, unserem geplanten Nachtlager, waren es von dort aus noch mal zwei Stunden, in denen wir stets am Wasser entlang und durch dichten Kiefernwald liefen.

Müde und hungrig erreichten wir die Hütte, ein klitzekleines Häuschen, aber mit Ofen und zweitem Geschoss zum Schlafen. Draußen kam mit der Dunkelheit auch die Kälte und starker Wind. Ich versuchte gefühlte zwei Stunden, den kleinen Ofen ordentlich anzuheizen, doch der Qualm zog einfach nicht ab, der Kamin war zu kalt und war wohl auch lange nicht benutzt worden. Dies hatte zur Folge, dass wir mit offener Türe und Fenster in dickem Rauch hockten und froren. Dies gab mir dann nach dem anstrengenden Wandertag echt den Rest. Irgendwann klappte es dann doch, nachdem wir bereits zweimal entschieden hatten, den Ofen einfach auszulassen. Aber die Kälte trieb uns immer wieder dazu, es noch mal zu versuchen.

Wir schliefen später auch direkt vor dem Ofen – wo Pascal sich seine guten Wandersöckchen verkohlte – da die zweite Ebene der Hütte, eigentlich als Schlaflager vorgesehen und mit Matratzen bestückt, voller Mäusedreck war. Die Hütte schien uns sowieso sehr verwahrlost und Jahre nicht bewohnt, was doch angesichts aller bisherigen Unterkünfte eine Ausnahme darstellte. Zudem stimmten die Lage auf der Karte und die tatsächliche Lage nicht überein. Vielleicht hatten wir uns vertan. Am nächsten Morgen sahen wir erst das Schild vor der Tür: Notunterkunft für Schäfer und Wanderer!!!

Der neue Wandertag sollte allerdings nicht entspannter beginnen. Es war mit minus 20 Grad die bisher kälteste Nacht gewesen, vor der Türe wehte am Morgen ein eisiger Wind und der Boden war steinhart gefroren. Als ich zum Fluss ging, um zu spülen, war der Weg dorthin bereits ein Kraftakt, denn der Wind peitschte mir um die Ohren, meine Mütze flog davon und ich dachte, gleich fallen mir Ohren und Nase gleichzeitig ab, so kalt war es. Dazu balancierte ich die Spülutensilien auf dem Arm. Angekommen am Fluss, füllte ich zunächst den ersten Topf mit Wasser und als der zweite auch voll war, musste ich feststellen, dass das Wasser im ersten Topf bereits gefroren war! Und das in wenigen Sekunden, unglaublich! Ich fing erst gar nicht mit dem Spülen an, sonst wäre ich wahrscheinlich ohne meine zehn Finger zur Hütte zurückgekommen.

Wir mummelten uns also dick ein und gingen „ungespülter" Dinge los. Wir hatten etwas Tolles vor an diesem Tag: Wir bestiegen mehr spontan als geplant den Mont Pelat, 3.051 Meter hoch, ebenfalls noch im Nationalpark Mercantour gelegen und der höchste Gipfel des Massif du Pelat in den französischen Seealpen. Sobald wir zum Col aufstiegen, nahm der Wind deutlich ab, die Sonne schien, Füße und Hände wurden durch die Bewegung wieder warm.

Das Gute war, wir konnten die Rucksäcke am Fuße des Berges liegen lassen, denn Auf- und Abstieg waren über den gleichen Pfad zu bewältigen, und somit herrlich leicht und beschwingt den Gipfel stürmen. Wie flott das ging, so ohne Gepäck! Oben erwartete uns bei diesem tollen Wetter natürlich ein fantastisches Panorama. Wir hatten einen Ausblick auf die umliegende Bergregion, in der Ferne sahen wir bereits das Mittelmeer und hinter uns lag der Mont Blanc. Zu allem Überfluss kreuzten noch zwei Steinböcke unseren Weg.

Aussicht vom Mont Pelat

Abwärts ging es dann zum wunderschönen Bergsee Lac d'Allos, wo wir in der gleichnamigen Refuge nächtigten. Der See liegt auf 2.220 Metern und ist somit der höchste natürliche Bergsee Europas. Zusammenfassend war es ein fantastischer Tag gewesen, trotz schwieriger Startbedingungen. Der Abstecher in diesen Nationalpark, in dem wir noch die nächsten Tage wanderten, hatte sich bis hierhin absolut gelohnt!

Blick auf den Lac d'Allos

Am Ufer des Lac d'Allos

Der Pas du Lausson

Doch die nächste Tortur ließ nicht lange auf sich warten. Ganz harmlos ging es am folgenden Tag weiter zum Pas du Lausson und wieder sahen wir viele Steinböcke. Wir dachten darüber nach, ob es nicht doch einen kürzeren Weg zum Tagesziel Entraunes gab, als jenen, der auf unserer Karte eingezeichnet war. Und tatsächlich, es gab ihn. Er sollte unsere ursprüngliche Route um circa fünf bis acht Kilometer abkürzen, die auch teilweise nur entlang einer Straße geführt hätte, was wir vermeiden wollten.

Wegsuche auf der Karte

Wir liefen also nach Gefühl los. Der erste Versuch endete nach einer guten halben Stunde allerdings abrupt an einer Felsspalte. Keine Chance, dass wir hier hätten weitergehen können. Also kraxelten wir irgendwie weglos bergab. Wie aus dem Nichts erschien dann wieder ein Pfad. Kurze Zeit später aber wieder das gleiche Drama. Wir liefen querfeldein, planlos und auf gut Glück durch das Gelände, bis sich wieder ein Weg auftat, dem wir folgen konnten. So kamen wir unserem Ziel immer näher. Und als wir gerade mal wieder meinten, so hier geht's nicht mehr weiter, fand ich ganz zufällig einen stillgelegten alten

Wanderweg, direkt ins Tal von Entraunes. Dieser war total schön, sehr gut ausgezeichnet, nur ein klein wenig verwahrlost.

Auf einsamen Pfaden bergab

In Entraunes angekommen, kauften wir bei einer netten alten Dame in einem winzigen Tante-Emma-Lädchen ein. Sie erzählte uns, dass die Menschen im Département Alpes-Maritimes, zu Deutsch See- oder Meeralpen genannt, in welches wir in den nächsten Tagen kommen sollten, nicht mehr so nett seien. Die Leute seien reicher, da viele gut betuchte Städter der Cote d'Azur, die ein Haus in den Alpen hätten, einfach nicht so hilfsbereit, nett und offen gegenüber Reisenden wie uns, wie die Leute vom Land seien. Naja, wir würden es erfahren.

In dieser Nacht schliefen wir auf dem geschlossenen Campingplatz Le Prieuré im Ort. Um zehn Uhr am nächsten Morgen fanden wir uns wieder bei der netten Dame vom Vortag ein und frühstückten auf dem Dorfplatz warme Croissants. Anschließend ging es direkt steil bergauf und über die Ausläufer des Nationalparks Mercantour zum Örtchen Les Tourres, wieder so ein schöner und unglaublich friedlicher Fünf-Häuser-Ort, wie wir schon so viele auf den vorangegangenen Etappen durchwandert hatten. Die Bewohner arbeiteten in ihren Gärten und begrüßten uns fröhlich. Eine Dame blieb auf dem Weg stehen und hielt ein Schwätzchen mit uns übers Wetter und das Wandern. Weiter ging es zu unserem Tagesziel Châteauneuf-d'Entraune. Eine schöne Strecke, voll wildem Lavendel und Begegnungen mit Schafen und ihren Hirten.

Châteauneuf-d'Entraunes: Schönes Dorf, üble Wirtin

In Châteauneuf-d'Entraunes, einem der schönsten Alpendörfer, die wir bis zu diesem Zeitpunkt besucht hatten, gelegen auf einem Hügel mit 360 Grad Panoramablick, wollten wir in der klitzekleinen Auberge Chez Karine ein Zimmer nehmen und vielleicht zwei oder mehr Tage bleiben. Nach unserer Ankunft warteten wir erst mal ziemlich lange auf die Gastwirtin. Aber die Sonne schien und der Ort war herrlich idyllisch, sodass wir uns entspannt fühlten und geduldig warteten.

Das Örtchen Châteauneuf-d'Entraunes

Irgendwann kam dann eine total gestresste, aufgedonnerte Dame, die Arme voller Einkäufe, um die Ecke und beachtete uns anfangs gar nicht, obwohl sie bereits vom Nachbarn über uns informiert worden war. Er rief sie nämlich an, nachdem er uns gesehen hatte. Als wir uns ihr zuwendeten, fragte sie unfreundlich: *„Was wollen Sie?"* *„Naja, ein Zimmer und was zum Essen, wenn es geht"*, sagten wir. Sie scheuchte uns ins Haus, die Treppe hoch in ein kleines feines Zimmerchen. *„Essen gibt's um acht Uhr."*, sagte sie noch, dann knallte sie die Türe hinter uns zu und wir waren alleine. Mein Güte!!!

Das Zimmer war aber wirklich schön, die Dusche heiß und wir hatten sogar Internet. Damit waren wir schon mehr als zufrieden. Zum Essen tischte sie uns dann später Suppe, Nudeln und zum Nachtisch Eis auf. Satt und zufrieden begaben wir uns wieder hoch in unser Zimmer und schliefen im Kingsize-Bett wunderbar. Unser Entschluss, noch einen Tag im kleinen Paradies – gemeint ist hier der Ort, NICHT die Auberge – zu bleiben, verwarfen wir schnell. Die Wirtin begrüßte uns nämlich am nächsten Morgen noch unfreundlicher und schmiss uns regelrecht raus.

Wir würden an dieser Stelle gerne eine Empfehlung aussprechen, einmal diesen Ort, einer der schönsten in den Alpen, zu besuchen. Aber es muss betont werden, dass zum Übernachten – zumindest in der Herbst-Winter-Zeit – nur diese eine Herberge zur Verfügung steht, die wir jedoch leider keinesfalls empfehlen können. Zur Sommerzeit soll es jedoch mehrere Wanderunterkünfte geben.

Erste Eindrücke der Seealpen

Nun denn, es war ein frostiger aber schöner Morgen, wir wanderten durch grandiose Schluchten auf rotem Fels, im Département Alpes-Maritimes, angekommen. Am Wegesrand pflückten wir Thymian, der hier in Massen wuchs und schliefen am Abend auf dem Col de Roua vor einem großen Talpanorama.

Frischer Thymian am Wegesrand

Zeltplätzchen mit Aussicht

Dem Wetterbericht zufolge sollte es mal wieder regnen. Aber siehe da: Wir wurden verschont, den ganzen nächsten Tag. Der Weg führte uns abwärts ins Tal, in Richtung unseres Ziels Puget-Théniers. Auf dieser Strecke kamen wir mal wieder durch schöne kleine Orte. Die letzten Kilometer stiegen wir dann auf langen Serpentinen durch eine Schlucht hinunter in die Stadt. Unterwegs pflückten wir Oliven, die NICHT essbar waren, und Feigen, die köstlich schmeckten, von den Bäumen. Angekommen in Puget-Théniers, gönnten wir uns eine Portion Pommes und ein Bierchen, bevor uns dann am Nachmittag eine Couchsurferin abholte. Wir waren gespannt auf den Besuch bei diesem erfrischend netten Menschen, so zumindest mein erster Eindruck von ihr.

Der Endspurt von Puget-Théniers nach Nizza

von Pascal

Wir waren also in Puget-Théniers angekommen, und alles wies darauf hin, dass wir uns vor dem großen Endspurt nach Nizza noch mal bestens erholen und letzte Kräfte mobilisieren könnten. Unser Couchhost empfing uns recht herzlich, wir aßen zusammen und sie stellte uns ihr Zimmer zur Verfügung. Am nächsten Tag gingen wir Pilze sammeln, waren klettern, alles war bestens. Nach zwei Tagen Erholung, aber noch einigen ausstehenden Erledigungen, fragten wir sie, ob wir noch eine weitere Nacht in Puget-Théniers bleiben könnten, woraufhin sie zustimmte.

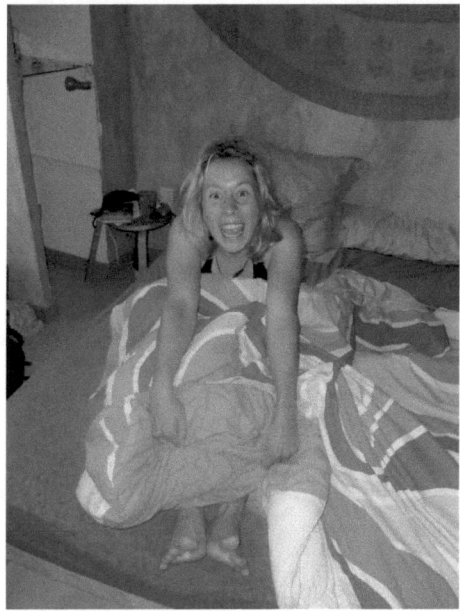

Hier war die Welt noch in Ordnung

Übernachtungsstress in Puget-Théniers

Das Bleiben stellte sich allerdings als Fehler heraus, denn wir sollten am Ende unseres dritten Tages eine böse Überraschung erleben: Kurz nach ihrer Rückkehr von der Arbeit – das war um 20:30 Uhr – warf sie uns nämlich praktisch vor die Tür, sodass wir – nach scheinbar klärenden Gesprächen, Packen und Aufräumen – gegen 23 Uhr völlig unerwartet die letzte Nacht doch noch im Freien verbrachten. Was war passiert? Die Angelegenheit war ziemlich kompliziert und muss etwas ausführlicher erläutert werden.

Wie bereits erwähnt, hatten wir eigentlich eine schöne Zeit in Puget-Théniers. Gemeinsame Unternehmungen und Mahlzeiten gehörten da natürlich dazu, von denen – das ist zu betonen – wir die meisten bezahlten. Wir übernahmen 50 der insgesamt während unserer Anwesenheit fällig gewordenen 65 Euro Ausgaben und luden unseren Couchhost zu einer Pizza ein. Wir kochten für sie und hatten darüber hinaus ja sogar noch nach dem zweiten Tag unseres Aufenthaltes gefragt, ob es möglich sei, noch einen weiteren Tag zu bleiben. Am Morgen des dritten Tages hatten wir noch gemeinsam gefrühstückt und uns nett unterhalten, es schien keine Probleme zu geben.

Als sie dann zur Arbeit ging, schlug sie uns vor, dass wir – sofern wir denn etwas kochen und nicht in einem Restaurant essen wollten – einfach etwas einkaufen sollten, wofür sie uns dann später das Geld zurückgäbe. Wir verblieben zudem so, dass wir sie eventuell im Laufe des Tages auf ihrem Handy anrufen würden, falls wir bei ihr auf der Arbeit die Sauna benutzen wollten – sie arbeitete in einem Fitness-Center.

Der Tag verlief schließlich so, dass Judith in die Sauna ging, obwohl sie zuvor vergeblich versucht hatte, unsere Gastgeberin mit ihrem Haustelefon zu erreichen. Später am Tag gelang es uns dann nicht, ihre Badewanne zu benutzen, da das Wasser nicht heiß werden wollte. Überdies entschlossen wir uns, anstelle eines selbstgemachten Gerichts noch einmal eine Pizza zu essen, denn die Lust darauf war groß und der Bedarf nach Ruhe ebenso.

Diese drei Dinge führten abends dazu, dass unser Couchhost nach ihrer Heimkehr eine völlig andere Seite ihrer Persönlichkeit zeigte, uns vorwarf nichts zu tun, ihre Hilfsbereitschaft auszunutzen und so weiter. Sie würde alles bezahlen, wir würden alles von ihr benutzen! Es schien als habe sie ganz plötzlich alles vergessen, was wir die Tage zuvor unternommen hatten, was wir in dieser Zeit investiert hatten, dass wir ihren Abwasch gemacht und für sie gekocht hatten. Stattdessen durften wir uns Vorwürfe über Dinge anhören, die wir in ihren Augen seit dem ersten Moment unserer Ankunft falsch gemacht hatten. Da stellte sich uns die Frage: Wenn es ein Problem gibt, wieso wartet man, bis das Problem zu einem wirklichen Problem wird, anstatt direkt darüber zu sprechen? Es machte sich das Gefühl breit, vom ersten Moment an irgendwie verarscht und mit Scheinheiligkeit konfrontiert worden zu sein.

Wir putzten also alles sauber, packten unsere Sachen, suchten noch mal ein gefühlt konstruktives Gespräch und bekamen von unserer Gastgeberin die Tür gewiesen. Nach dutzenden von ausschließlich positiven Erfahrungen mit Couchsurfing war das, was dort in Puget-Théniers passiert war, ein wirklicher Schock für uns! Und ich war mir vollkommen sicher, dass wir uns nicht derart daneben benommen haben konnten, als dass eine solche Aktion gerechtfertigt gewesen wäre.

Idyllische Alpendörfer in den Seealpen

Nun aber genug davon. Wir verbrachten die Nacht auf einer angrenzenden Wiese und wir hatten ohnehin alles erledigt, was es vor Ort zu erledigen gegeben hatte.

Zelten statt Couchsurfen in Puget-Théniers

Morgens kauften wir noch Proviant ein und starteten dann in die letzten vier Marschtage der großen Alpenüberquerung. Im Prinzip schien das alles kein großes Problem mehr: Puget-Théniers lag auf 280 Metern, der höchste Punkt der letzten Tage erreichte gerade einmal etwas mehr als 1.778 Meter. Dennoch hatten es auch die letzten Tage in sich und gleich zu Beginn mussten knapp 1.000 Höhenmeter überwunden werden.

Der Weg führte uns hier vor allem durch dichte Wälder, die sich dann auf etwa 1.200 Metern zunehmend in Gestrüpp auf rotem, mit dicken Felsen gespicktem, Sandboden verwandelten. Während die Nordhänge in diesem Teil der Alpen häufig stark bewaldet sind, weisen die südlichen Hänge eher die gerade beschriebene Bodenbeschaffenheit und Vegetation auf. Inzwischen war es tagsüber recht heiß und die Landschaft um uns herum wirklich wunderschön. In den Seealpen sind die Berge völlig anders als in den nördlichen und mittleren Alpen, obgleich das Wandern nicht weniger anstrengend ist, da sich im Grunde genommen nur die Wanderhöhe um 1.000 Meter nach unten verschiebt. Die zu überwindenden Höhenunterschiede sind aber weiterhin vergleichbar.

Zu erwähnen sind noch die Dörfer in den Seealpen, ein Muss für jeden, der diese Gegend bereist. Ich habe mich vom ersten Moment an in diese Orte verliebt, und das nicht nur, weil uns dort immer mit größter Freundlichkeit begegnet wurde. So hinterließ zum Beispiel ein Mann, der uns morgens mit einer Kanne Tee begrüßte, einen bleibenden Eindruck bei uns.

Die Dörfer liegen meist in recht steilen Berghängen, was eine terrassenförmige, enge Architektur zur Folge hat. Da schlendert man durch kleine Gassen, die für Autos viel zu schmal sind. Man kann sich dort regelrecht verlieren, weil die hoch gebauten Häuser, die obendrein noch so dicht wie möglich aneinandergereiht sind, keinen Aus- oder Überblick zulassen. In diesen Dörfern scheint die Zeit stehengeblieben zu sein, und auch die Menschen und Tiere, denen man begegnet, vermitteln irgendwie ein Lebensgefühl, bei dem Zeit keine Rolle zu spielen scheint.

Nehmen wir zum Beispiel den kleinen Ort La Rochette, den wir am ersten Tag unserer Etappe von Puget-Théniers in Richtung Nizza durchquerten. Gegen 16 Uhr standen einige wenige Leute mit einer Tasse Kaffee vor ihren Geschäften – von denen es nicht viele gibt – und unterhielten sich. Es kommen ja ohnehin nur wenige Menschen vorbei, und wenn dann jemand kommt, kennt man sich und redet erst mal ein wenig miteinander. Auf diese Weise vertreiben sich alle die Zeit, denn ein großes Unterhaltungsangebot bietet der Ort freilich nicht. Eine Ecke weiter findet man mehrere Katzen, die auf einer kleinen Treppe sitzen und die letzten Sonnenstrahlen genießen, die ihren Weg durch die hohen, engen Gemäuer gefunden haben. Gelegentlich geht vielleicht auch mal ein Hund alleine spazieren, ganz ohne Eile, vollkommen desinteressiert an den Katzen und uns. Ab und zu hört man mal einen Hammer auf ein Dach sausen oder beobachtet einen Mann oder eine Frau in ihrem Gemüsegarten, den man fast immer mit dem Wunsch passiert, eines Tages hierhin zurückzukehren und einige Zeit so zu leben.

Durch die Seealpen gen Süden

Und nach den Dörfern kamen wieder die Berge und Täler, Flüsse und Wälder. Ständig wurden wir von der Einsicht begleitet, in wenigen Tagen über 700 Kilometer und geschätzte 80 Höhenkilometer bewältigt zu haben und zwei Monate quer durch die Alpen marschiert zu sein. Der Winter wurde von uns abgehängt, wir hatten die ein oder andere brenzlige Situation gemeistert und uns ging es gut! Es war ein ausgezeichnetes Gefühl, das uns auf den letzten Schritten Richtung Nizza begleitete.

Landschaften in den Seealpen

Exkurs: Langsam nervt das Wandern

So langsam, das muss mal klar gesagt werden, hatten wir nämlich auch das ewige Laufen, das ständige Rauf und Runter ein wenig satt. Sicher: Einerseits bringt einen das Wandern an die unglaublichsten Orte, man sieht schöne Dinge und erlebt faszinierende Momente in und mit der Natur; andererseits bedeutet eine Alpenüberquerung Ende Oktober auch, dass man eben abgesehen vom Laufen zu nichts anderem kommt. Sobald die Sonne weg ist, ist es auch ziemlich frisch, das heißt draußen sitzen ist eigentlich nicht mehr möglich. Yoga zu üben geht meistens gar nicht, da es im Dunkeln – und es wird ja schon früh dunkel – zu kalt und tagsüber zu langwierig ist, da man die kurze Tageszeit fürs Weiterkommen braucht.

Schließlich ist man im Zelt häufig zu erschöpft, um noch ein Buch zu lesen oder andere Dinge zu tun. Außerdem muss man noch kochen und eventuell spülen. Manchmal kommt man beim Wandern noch nicht einmal dazu, sich mit interessanten Gedanken zu beschäftigen, denn ein anstrengender Aufstieg oder ein kniffliger Abstieg verlangen volle Konzentration. Man muss sich also letztlich fragen – es ist immer wieder dasselbe beim Reisen –, was man sich von einer Reise wünscht, welche persönlichen Entwicklungen man durchmachen möchte. Und nach zwei Monaten Wandern über die Berge wurde mir klar, dass es nicht das ständige Zufußgehen und Schöne-Landschaften-Sehen war, was ich suchte. Es war zwar ganz ohne Zweifel eine super schöne, lehrreiche und bereichernde Zeit in den Alpen, die ich nicht mehr missen möchte, aber es wurde eben langsam Zeit für etwas anderes, etwas Neues! Da waren Judith und ich uns einig.

Dennoch: Die letzten Tage mussten noch gemeistert werden. Und die boten noch reichlich Interessantes. So zum Beispiel der zweite Tag nach dem Aufbruch aus Puget-Théniers, als wir nach langem Laufen und einigen tausend Höhenmetern in dem Ort Gréolières les Neiges ankamen. Das französische *la neige* bedeutet Schnee, was schon darauf hindeutet, dass es an besagtem Ort kalt war. Nachts war es ja ohnehin kalt, aber unser Ankunftsort am Fuße des Cime du Cheiron (1.778 Meter), dem letzten und höchsten Berg vor dem Mittelmeer, stach da noch einmal besonders heraus. Auf etwa 1.450 Metern war es in der Dunkelheit wirklich richtig frostig, und das, obwohl man gerade einmal zwei Marschtage vom Mittelmeer entfernt war. Kein Wunder, dass diese Region in der kalten Jahreszeit auch für Wintersport genutzt wird.

Ein verrückter Abend mit Richard und Isabelle

Eigentlich planten wir noch am selben Abend trotz Dunkelheit den Aufstieg auf den Cime du Cheiron. Allerdings gab es da ein Problem, wir hatten kein Wasser mehr. Außerdem waren wir müde und hatten einfach keine Lust mehr auf einen weiteren Aufstieg. Deshalb entschlossen wir uns, unser Zeltlager in Gréolières les Neiges aufzubauen, um dann morgens in aller Frühe den Aufstieg anzugehen. Zwischen elf und halb zwölf Uhr des nächsten Tages wollten wir uns nämlich dort mit dem Couchsurfer Nicolas treffen, der uns zwar in Nizza nicht beherbergen konnte, allerdings Interesse daran zeigte, einige Kilometer gemeinsam mit uns zu gehen. Also bauten wir unser Zelt auf und ich ging   los, um Wasser zu suchen. Weit und breit fand sich aber keines, bis plötzlich ein Auto an mir vorbeifuhr und wenige Meter weiter anhielt. Ich fragte das ältere Pärchen nach Wasser, woraufhin mir gleich ein großer Fünf-Liter-Kanister gebracht und ich zum Zelt zurückgefahren wurde. Der Mann teilte mir noch mit, dass er Deutschland sehr gut fände und fuhr anschließend wieder weiter. Im Zelt zurück bereiteten wir das Essen vor und machten es uns bequem. Ich sagte noch zu Judith: *„Pass auf, das ist so ein Kandidat, der kommt gleich zurück und lädt uns zu sich ein."*

Nur wenige Augenblicke später – das Essen war gerade fertig geworden und wir begannen zu schmausen – fuhr ein Auto an das Zelt heran und jemand rief: *„Amigo, come with me!"* Der ältere Herr von zuvor versuchte, die ganze Zeit Englisch zu sprechen, was allerdings nicht besonders gut klang. Auch die Frau, bekleidet mit einer schicken Pelzmütze und auch sonst ziemlich auffällig, bestand vehement darauf, dass ich mit der ‚petite femme' (kleinen Frau) zusammen zu ihnen nach Hause käme, um dort leckere Nudeln im Warmen zu essen. Uns blieb gar nichts anderes übrig, als in das Auto einzusteigen und etwa 200 Meter zu der kleinen Hütte zu fahren. Dort wurden uns dann erst mal unsere Essenstöpfe weggenommen und Nudeln in Gorgonzola-Sauce zubereitet, während wir indes mit Schnaps zum Wärmen abgefüllt wurden – angeblich sollte es draußen minus 20 Grad kalt sein, was allerdings bei Weitem nicht stimmte.

Die beiden hießen Richard und Isabelle, er kam aus Spanien, sie aus Italien. Ein unglaublich verrücktes Paar, bei denen wir laute Musik hörten und jede Menge Schnäpse tranken. Während er andauernd und beinahe künstlich von seiner Frau schwärmte, wedelte diese herum und bekochte uns. Man plauderte viel und die beiden rauchten indes eine Zigarette nach der anderen.

Mit zunehmendem Alkoholpegel stieg denn auch die Hemmungslosigkeit und wir beide fanden uns in einer wirklich einmaligen und bizarren Situation wieder: Da saßen wir also in einer kleinen Holzhütte, Schnaps trinkend, mit einem geschätzt 50 Jahre alten Paar, dessen männlicher Part rauchend und trinkend auf dem Sofa saß und seiner ebenfalls rauchenden Frau zuschaute, während diese wild zu lauter Musik tanzte und zu jedem neuen Song andere Accessoires anzog – mal einen Sonnenhut, dann eine Sonnenbrille, einen Schal. Irgendwie fühlten wir uns wie im Kino und fragten uns, in was für eine Situation wir da wieder geraten waren. Gerade einmal 48 Stunden zuvor hatten wir den Tiefpunkt unserer sozialen Erfahrungen mit dem letzten Couchhost erreicht, jetzt erlebten wir eine unvergessliche Geschichte. Es sind zweifellos diese Überraschungen, die das Reisen so schön und bereichernd machen.

Aber irgendwann musste natürlich auch dieses Schauspiel mal ein Ende nehmen, denn wir waren schon ziemlich müde. Beim Reisen draußen lebt man mit den Tageszeiten und der Biorhythmus geht mit der Sonne. Entsprechend steht man mit der Sonne auf und geht andererseits früh schlafen. Außerdem würde Nicolas am nächsten Morgen schon auf uns warten. Wir packten also unsere noch vollen Töpfe und wurden vom alkoholisierten Richard zum Zelt gefahren, wo wir alles exakt so vorfanden, wie wir es verlassen hatten. Die Tatsache, dass wirklich alles genau gleich war – ja sogar unser Essen sich noch unberührt in den Töpfen befand, komplettierte diese unglaublich bizarre Erfahrung des Abends. Es fühlte sich so an, als wäre das vorangegangene Erlebnis mit Richard und Isabelle überhaupt nicht wirklich, sondern eher ein Traum gewesen; als hätte jemand ein Ereignis aus einem anderen Leben einfach in das unsere kopiert. Und mit Abschluss dieses gefühlten Fremdeinschubs, setzten wir wieder unser Leben fort. Genauer gesagt aßen wir unser Essen auf und schliefen.

Der Cime de Cheiron und der erste Blick aufs Meer

Am nächsten Morgen standen wir dann in aller Frische – es war kalt – auf, kochten einen Kaffee und stiegen hoch zum Cime du Cheiron. Im Hang lag bereits Schnee und der Aufstieg war schrecklich. Denn obwohl es nur 300 Meter nach oben ging, zog sich dieses Stück in die Länge und wir folgten außerdem mal wieder den unbeliebten Skiliften. Oben blies ein kalter Wind und wir mussten feststellen, dass es bei unserer Ankunft auf dem Gipfel bereits zehn Uhr war. Wie geplant in einer Stunde in Gréolières – nicht mit Gréolières les Neiges zu verwechseln – zu sein, war praktisch unmöglich, sodass wir wohl zu spät kommen würden. Wichtiger als das war aber im Moment der Gipfelbesteigung, dass wir nach unserem weiten Weg durch die Alpen endlich das Meer vor uns liegen sahen. Wir hatten unser Ziel fast erreicht, es war nicht mehr weit bis Nizza.

Endlich: Vom Cime du Cheiron der Blick aufs Meer

Die Zeit drängte, denn Nicolas erwartete uns um elf Uhr, im besten Fall um halb zwölf. Wir hetzten deshalb, ohne lange das Meer zu bewundern – es war ohnehin ziemlich ungemütlich auf dem Berg –, runter Richtung Ort, das heißt zunächst entlang des Kamms. Es war schließlich 12:05 Uhr, als wir Gréolières erreichten und uns ein Mensch in unserem Alter entgegen gerannt kam, der sich als Nicolas vorstellte. Er war selbst über eine Stunde zu spät gekommen und dachte, wir wären schon aufgebrochen.

Nicolas stellte sich als sehr nett, aber auch sehr chaotisch heraus, hatte er doch erstens sein Portemonnaie vergessen und pumpte sich deshalb Geld von uns und sollte zweitens später in Nizza wieder sein Geld vergessen, obwohl er uns eigentlich hatte zum Frühstück einladen wollen. Naja, auf jeden Fall verbrachten wir den Tag zusammen. Gegen Nachmittag machte er sich auf den Rückweg, wir hingegen liefen einmal mehr durch die Dunkelheit bis in die kleine Stadt Saint-Jeannet, etwa 15 Kilometer vor der Stadtgrenze von Nizza gelegen. Wir waren ziemlich fertig bei unserer Ankunft und heilfroh, dass wir auf Anhieb einen recht ruhigen Platz mit Trinkwasser fanden, denn wir hatten einen furchtbaren Durst. Es stand die letzte Nacht unseres langen Fußmarsches bevor, zum letzten Mal mussten wir nun unser Zelt aufbauen, die Isomatten aufblasen, unsere Schlafsäcke aus den Rucksäcken herauskramen und im Zelt ausbreiten, den Gaskocher auf die Flasche schrauben, im Schlafsack liegend die Zutaten fürs Essen in den Topf schnippeln, kochen, eine bequeme Position zum Essen suchen, den Magen füllen und dann schlafen.

Der letzte Tag

Und dann begann unser letzter Marschtag: Es war ein ganz besonderer Tag, und dies nicht etwa, weil wir uns so auf das Ende des Weges freuten. Nein, sondern weil es den ganzen Tag wie aus Kübeln regnete, so, wie es in den ganzen zwei Monaten zuvor noch nie geregnet hatte. Es regnete den ganzen Tag lang, die gesamten fünf Stunden, die wir an unserem letzten Tag bis Nizza liefen. Es regnete in Strömen, und wir waren von oben bis unten nass. Unsere Rucksäcke hatten sich längst mit Wasser vollgesogen, als wir Nizza erreichten und die ersten Schritte in der Stadt machten, von der aus – so viel stand fest – ein neuer Abschnitt unserer Reise beginnen würde. In den Straßen bildeten sich tiefe Wasserbecken, durch die nicht selten Autos an diesem Sonntag fuhren und uns dabei nass spritzten, sodass wir endgültig durchnässt waren. Mit anderen Worten: Er war ein grauenhafter Tag, unser Ankunftstag in Nizza.

Nach einigen Kilometern des orientierungslosen Laufens in der Stadt fragten wir nach dem Weg in Richtung Zentrum, das noch weitere gute zehn Kilometer entfernt lag. So kam es, dass wir uns für den Rest unseres Weges – also hin zu unserem Couchsurfer Julien, der im Zentrum der Stadt wohnte – für den Bus entschieden.

Gegen 15:30 Uhr trafen wir bei ihm in der Dachgeschosswohnung ein und hatten das erste Kapitel unserer Reise – *die Alpenüberquerung von Lausanne nach Nizza* – hinter uns gebracht! Oder sagen wir: Wir hatten sie fast hinter uns gebracht, denn Nizza und die Côte d'Azur sollten noch einige Erlebnisse für uns bereithalten.

Ausflüge von Nizza nach Monaco und zurück

von Pascal

Mir obliegt nun die Ehre, Ihnen auch von der letzten Episode der Alpenüberquerung zu berichten, nämlich unseren Tagen in Nizza und dem Besuch in Monaco. Allzu viel gibt es ehrlich gesagt überhaupt nicht davon zu erzählen, da wir nach den Alpen schlichtweg das Bedürfnis hatten, mal nicht allzu viel zu unternehmen. So kam es, dass wir die Zeit in Nizza allem voran mit Yogastunden bei Christian Pisano füllten, einem der erfahrensten Iyengar-Yoga-Lehrer Frankreichs und überdies ein sehr netter Mensch. Unsere vier Besuche seiner Unterrichtsstunden schenkte er uns als Beitrag zu unserer Reise, ohne Zweifel sehr inspirierende Yogaerfahrungen. Es war überhaupt sehr erfrischend, noch mal geführte Stunden zu haben und täglich die Gelegenheit wahrnehmen zu können, Yoga zu praktizieren.

Nizza

Blick auf den Hafen von Nizza

Zunächst mal ist Nizza eine Großstadt, und als solche hat sie eben auch all das zu bieten, was Großstädte auszeichnet: soziale Unterschiede, viele Restaurants und Bars, ein großes kulturelles Angebot und so weiter. Darüber hinaus kann Nizza mit einer wunderschönen Altstadt und natürlich dem Meer glänzen, weshalb sich die Stadt qualitativ schon von vielen anderen Orten abhebt.

Direkt hinter Nizza – das sollte ja aus unseren Berichten klar geworden sein – liegen die Alpen, sodass sich ausgezeichnete Möglichkeiten bieten, aus dem Stadttrubel zu fliehen und die Zeit ungestört in den Bergen zu verbringen. Für diejenigen, die es etwas exklusiver haben möchten, bietet sich die etwa sechs Fahrtstunden mit der Fähre entfernte Insel Korsika an. Im Sommer täglich, im Winter immerhin zwei Mal die Woche legen die Schiffe Richtung Mittelmeerinsel ab.

Das Essen in Nizza ist auch bestens, da sich hier die französisch-kulinarischen Köstlichkeiten mit der italienischen Küche paaren, außerdem gibt es allerköstlichstes Eis. Einziger Nachteil: Die Preise. Eine Pizza kann schon mal schnell zehn Euro kosten, das kleine Bier in der Kneipe bekommt man ab 3,50 Euro, um nur mal zwei Beispiele zu nennen. Zumindest gibt es in den Geschäften alles, was das Herz begehrt, und last but not least findet man in Nizza eine ausgezeichnete Yogaschule. Kurz gesagt: Nizza behalte ich mir im Hinterkopf für mein späteres Leben. Aktuell könnte ich mir sehr gut vorstellen, dort einige Jahre zu verbringen.

Das Fürstentum Monaco

Ein Muss eines jeden Côte d'Azur-Aufenthalts ist ein Besuch in Monaco. Der Stadtstaat liegt gerade einmal 25 Kilometer von Nizza entfernt und ist für einen Euro Fahrtkosten bequem mit dem Bus zu erreichen. Diese Gelegenheit wollten wir natürlich nutzen, insbesondere deshalb, weil wir mit Darryl einen auf den ersten Eindruck ziemlich sympathischen Couchsurfer gefunden hatten, der uns dort für einige Tage beherbergen konnte. So kam es also, dass wir an einem Donnerstag unsere Rucksäcke packten und den Bus nach Monaco nahmen, von dem uns Darryl abholte und zu sich nach Hause brachte. Den Abend über plauderten wir und aßen gemeinsam, die touristischen Aktivitäten sparten wir uns für die nächsten zwei Tage auf.

Sightseeing in Monte Carlo und Blick auf den kleinen Hafen
mit teuren Yachten

In Monaco gibt es – zumindest als Tourist mit geringem Budget – nicht allzu viel zu tun. Allerdings sollte man ein paar Dinge im Fürstentum nicht verpassen. Erstens wäre da das Schlendern durch die Stadt, insbesondere auch durch die schöne Altstadt. Hier kann man hauptsächlich ganz normale Menschen, allerdings auch überproportional viele, überdimensional teure Autos und wichtige Business-Leute mit schicken Anzügen bewundern. Alles spielt sich auf geringster Fläche – nicht viel größer als zum Beispiel das Bonner Stadtzentrum – ab, nur sind die Gebäude alle im Durchschnitt doppelt so hoch und alles ist sehr viel dichter bebaut.

Nun, dicke Autos und schicke Leute, das kann man auch in München sehen, auch viele andere Städte haben exklusive Viertel für exklusive soziale Schichten. Was macht also Monaco so besonders? Beim Schlendern fielen uns weitere Dinge auf: In Monaco wimmelt es nur so von Immobilien-Agenturen, und die haben ja bekanntlich immer einige Angebote im Schaufenster. Ein Blick auf diese Annoncen zeigte eine weitere Besonderheit des Stadtstaats: Die Miete für ein 50 Quadratmeter-Appartement kostet etwa 12.000 Euro im Monat. Will man es kaufen, muss man mindestens 1,8 Millionen Euro auf den Tisch legen. Für 100 Quadratmeter und eine einigermaßen exquisite Aussicht bezahlt man schon mal schnell acht Millionen, also kurz gesagt: Preise, die man sich als normaler Mensch nicht leisten kann.

Monaco zieht reiche Menschen an, weil man dort als Privatperson keine Steuern zahlen muss. Man mache sich also bewusst, wie viel Geld Menschen haben, die derartige Immobilienpreise in Kauf nehmen, um woanders keine Steuern zahlen zu müssen. Ach ja: Der Großteil der Immobilien ist im Besitz der Familie Pastor, deren Familienoberhaupt als reichster Bewohner des Stadtstaats gilt – angeblich sogar reicher als der Fürst selbst.

Das Casino in Monte Carlo

In Monaco ist das Barfußlaufen verboten. Verboten wohlgemerkt! Ich habe es am ersten Tag trotzdem gemacht und wurde zumindest nicht erwischt. Es scheint nicht zum Glamour des Ortes zu passen, der sich in aller Deutlichkeit im berühmten Casino von Monte Carlo ausdrückt. Das ist natürlich ein weiteres MUSS für jeden Besucher, denn entgegen den Erwartungen kann man das Casino mit normaler Straßenkleidung betreten, nur für die Privaträume gilt Anzugpflicht.

Am Freitagabend haben wir uns also den Möglichkeiten entsprechend hergerichtet und sind mit 50 Euro in der Tasche in das berühmte Casino Monte Carlo gegangen. Zehn Euro gingen direkt pro Person für den Eintritt weg, blieben also 30 Euro zum Verspielen. 30 Euro wirkten schon fast lächerlich, beträgt doch der Mindesteinsatz für ein Spiel Black Jack 25 Euro, der Chip fürs Roulette kostet 5 Euro. Der gängigste Spieleinsatz liegt bei 50-Euro-Chips, die dann gleich zu Beginn für fünfstellige Zahlenbeträge erworben werden. Es ist wirklich ein merkwürdiges Gefühl, Spielchips für 30 Euro zu kaufen, während neben einem ein Gast drei, etwa 10 Zentimeter hohe Stapel von 50 Euro Scheinen in Spielsteine eintauscht!

Das Anfängerglück war zu Beginn mit uns. Am Automat vermehrten wir unser Geld schnell bis auf 55 Euro. Irgendwie machte uns das Glück dann aber leichtsinnig, und so schnell wie wir einiges gewonnen hatten, so schnell war dann auch gleich wieder vieles von dem Geld weg. Eine Partie Black Jack musste natürlich auch sein, und so lernten wir, wie man binnen Sekunden 25 Euro verlieren kann. Beim Roulette hatten wir auch kein Glück. Wir verließen schließlich das Casino nach etwa zwei Stunden und mit insgesamt 30 Euro weniger in der Tasche, waren allerdings um eine höchst interessante Erfahrung reicher.

Schließlich gibt es in Monaco ein berühmtes ozeanographisches Museum, das wir aber, angesichts der happigen Eintrittspreise von 13 Euro pro Person und zu wenig Zeit, nicht besuchten. Alles in allem lässt sich über Monaco sagen, dass wir froh darüber waren, die Eindrücke dieser anderen Welt gewonnen und mitgenommen zu haben; allerdings waren wir dieser Welt nach etwa 48 Stunden auch bereits mehr als überdrüssig. Der absolute Überfluss, die Dekadenz dieses Landes haben für mich etwas unglaublich Widerliches und Abstoßendes, auf dass ich gut und gerne verzichten kann. Ein weiteres Mal zieht es mich in jedem Fall nicht ins Fürstentum.

In Nizza verbrachten wir weitere zwei gemütliche Tage, ehe dann an einem Dienstag gegen Nachmittag unsere Fähre nach Bastia auf Korsika fuhr und das zweite Kapitel unserer Reise einläutete. Aber davon erzählen wir in einem anderen Buch.

Bildnachweis

Alle Bilder innerhalb dieses Buches stammen von:
- Judith Taschenmacher & Pascal Frank
- OpenStreetMap und Mitwirkende, CC BY-SA